- *Bolozi Zomi*

# *Bomoi na* Boboyi Botosi *mpe* *Bomoi na* Botosi

Dr. Jaerock Lee

*"Mpo ete nayebi makanisi mazali ngai kokanisa mpo na bino; 'YAWE Alobi bongo.' Yango makanisi na kimia mpe na mabe te, kopesa bino elikya nan tango ekoya.'"*
*(Yelemia 29:11)*

Bomoi na Boboyi Botosi mpe Bomoi na Botosi
na Dr. Jaerock Lee
Ebimisami na Ba Buku Urim (Mokambami na : Johnny. H. Kim)
235-3, Guro-Dong3, Guro-gu, Seoul, Coree
www.urimbooks.com

Droit D'auteur. Buku oyo to mpe eteni na yango ekoki na kobimisama soko te, kofandisama kati na systeme moko na kobimisama ebele te, to mpe kopesama na lolenge soko nini to mpe, na lolenge na electronique, mecanique, photocopie, enregistrement to mpe nini, soki nzela epesami na mobimisi na yango te.
Makomi isantu nioso mazwami kati na Biblia Esantu iye ibengami, NEW AMERICAN STANDAED BIBLE,®, Copiright © 1960, 1962, 1963, 1968, 1971, 1972, 1973, 1975, 1977, 1995 epai na Fondation Lockman. Isalemi soki nzela epesami.

Droit D'auteur © 2008 na Dr. Jaerock Lee
ISBN: 979-11-263-1232-0 03230
Copyright na Traducteur © 2008 na Dr, Esther K. Chung. Bakosalela yango soki nzela epesami.

Kobimisama eleka na ki Coreen na Ba Buku Urim na 2007

*Publication way ambo na Mars 2023*

Edition na Dr. Geumsun Vin
Desin na Ndako na Edition na ba Biku Urim
Imprimer na Companie na Imprimerie Yewon
Mpona boluki na Koyeba mingi, tala na: urimbook@hotmail.com

# Prologue Yambo na Kobanda

Etumba na Botomboki kati na A America ekomaka na likolo na yango na ttango mokonzi na 16, Abalayama Lincoln, apesaki mokolo na kokila bilei kati na mabondeli na le 30 Avril, 1863.

"Lelo makama na somo mingi ikoki kozala etumbu mpona masumu na ba tata na biso. Tozalki na lolenge mingi mpona misala malamu mpe na bozwi na biso. Tozalaki na lolendo ming inde tozangaki kobondela Nzambe oyo Akelaka biso. Tosengeli kotubela masumu na ekolo na biso mpe tosenga mawa na Nzambe mpe ngolu na ezaleli na komikitisa. Yango ezali mosala na bato na America."

Lokola mokambi monene asengaki, baton a America baliaki te mpona mokolo moko mpe babondelaki kati na kokila bilei. Lincoln asengaki na komikitisa mpenza epai na Nzambe mpe abikisaki America na kokweya biteni na biteni. Na solo, tokoki kozwa biyano nioso mpona mikakatano kati na Nzambe.

Sango Malamu eteyamaka epai na ebele na bateyi kati na mikama na ba mbula, kasi ebele na bato bayokaka Liloba na Nzambe te, nakolobaka ete bakomindimela bango moko.

Lelo, ezali na ebele na mbongwana na ba tango na molunge to malili mpe makama kati na mokili. Ata na bokoli na mayele na minganga, ezali na babokono na sika mpe na makasi koleka iye ikotelemela ba lolenge na kobikisama.

Bato bakoki komitiela elikya bango mpenza. Bato bakoki kokima mosika na Nzambe, kasi soki totali na kati na ba bomoi na bango, tokoki kolobela yango te soki makambo lokola komitungisa,, pasi, bobola, mpe bokono izali te.

Na mokolo moko moto akoki kobungisa nzoto makasi na ye. Bato misusu babungisi bandeko na bango wa bolingo to mpe babungisi bozwi na bango likolo na likama. Basusu bakoki kozala na ba kokoso mingi kati na bombongo mpe bisika na misala.

Bakoki komilela, "Mpo nini makambo eye masengeli kosalemela ngai?" Kasi, bayebi nzela na komibimisa te. Ebele na bandimi bazali konyokwama na mimekano mpe komekama mpe bayebi nzela na kobima te.

Kasi nioso ezali na suka na yango. Mikakatano nioso mpe minyoko mizali mpe na ba tina.

Ba Bolozi Zomi ebetamaki na Ejipito, mpe mibeko na Pasika ikomama kati na Buku na Esode epesi likanisi na biyano mpona makambo na lolenge nioso oyo bato nioso kati na mokili bakokutanaka na yango.

Na molimo Ejipito elakisi mokili, mpe liteyo mpona ba Bolozi Zomi na Ejipito ekosalema mpona moto nioso kati na mokili ata na lelo. Kasi mingi te kati na bato basosoli mokano na Nzambe efandisama kati na ba Bolozi Zomi.

Since the Bible does not say that it is the 'Ten Plagues,' some people say that it is eleven or even twelve plagues.

Mpo ete Biblia elobi te ete ezali ba 'Bolozi Zomi,' bato misusu bazali koloba ete ezali zomi na moko to ata zomi na mibale.

Baton a likanisi na liboso bakolobaka ete ezali likambo na kobongola nzete na Alona na nyoka. Kasi ezali na likama moko te ekopesama na kotala nyoka, bongo ezali, na lolenge moko pasi mpona kokotisa yango kati na ba Bolozi Zomi.

Kasi mpo ete nyoka kati na lisobe azalaka na ngenge makasi mpona koboma moto na koswama mbala moko, moto akoki koyoka nsomo makasi kaka na komona nyoka. Yango tina bato misusu bakokotisaka yango lokola moko na bolozi.

Ba oyo na sima basangisaka likambo na lingenda kobongwana nyoka mpe lisusu kufa na basoda na Ejipito kati na Mai na Monana Motane. Mpo ete baton a Yisalele naino bakatisaki Mai na Monana ten a tango wana, bakotanga likambo oyo mpe bakokotisaka yango kati na Bolozi Zomi na mibale. Kasi eloko na motuya ezali ebele na ba bolozi te kasi ntina na molimo mpe mokano na Nzambe efandisama kati na yango.

Kati na buku oyo etalisami, na loboko mosusu, bomoi na Falo, oyo aboyaki kotosa Liloba na Nzambe, mpe bomoi na Mose oyo abikaka bomoi na kotosa. Ebombi mpe bolingo na Nzambe oyo na mawa na Ye ezanga suka Atika biso toyeba nzela na lobiko na nzela na elambo na Pasika, mobeko na kokatama ngenga, mpe tina na elambo na Mapa Mazanga Nfulu.

Falo amonaki nguya na Nzambe kasi ata bongo akobaki na koboya kotosa Ye, mpe akweyaka kati na esika ekombongwanaka te. Kasi baton a Yisalele babikisamaki na makama nioso mpo ete batosaki.

Tina nini Nzambe Azali kolobela biso mpona ba Bolozi Zomi ezali mponna kososolisa biso mpona nini mimekano mpe komekama miyelakka biso, mpo ete tokoka kosilisa makambo nioso na bomoi mpe tobika bomoi ezangi makama.

Lisusu, na kolobela biso likolo na mapamboli oyo ikokitela bison a tango totosi, Alingi ete tozwa Bokonzi na Lola lokola ban aba Ye.

Ba oyoo bakotanga buku oyo bakozala na makoki na komona ba fongola na kosilisa mikakatano na bomoi. Bakoyoka kokitisama na molimo lokola bayokaka mbula malamu sima na tango molai na bokauki, mpe batambwisama na nzela na biyano mpe mapamboli.

Napesi matondi epai na Geumsun Vin, motambwisi na ndako na edition mpe na basali banso ba oyo basali ete publication oyo ekoka. Nabondeli na nkombo na Nkolo Yesu Christu ete batango nioso bakobika bomoi na botosi mpo ete bakoka kozwa bolingo na kokamwisa mpe mapamboli na Nzambe.

Juillet 2007
*Jaerock Lee*

# Makambo kati na Buku

Lisolo liboso na kobanda

***Mpona na Bomoi na Bozangi Botosi*** · 1

### Chapitre 1
Ba Bolozi Zomi Mipesami kati na Ejipito · 3

### Chapitre 2
Bomoi na Bozangi Botosi mpe ba Bolozi · 19

### Chapitre 3
Ba bolozi na Makila, Mbemba, Ngungu (Sili) · 31

### Chapitre 4
Bolozi na Nkangi, na epai na Bibwele, mpe na Ba Pota · 49

### Chapitre 5
Bolozi na Matandala mpe na Mayoyo · 65

### Chapitre 6
Bolozi na molili mpe Kufa na Bana Liboso · 79

*Mpona Bomoi na Botosi* · **93**

Chapitre 7
Pasika mpe Nzela na Lobiko · **95**

Chapitre 8
Kokatama ngenga mpe Elambo Esanto · **111**

Chapitre 9
Esode mpe Elambo na Lipa ezanga Mfulu · **129**

Chapitre 10
Bomoi na Botosi mpe Mapamboli · **143**

## *Mpona Bomoi na* Bozangi Botosi

Soko nde okotosa mongongo na Yawe Nzambe na yo te,
Mpe okosenjela te ete osala malako na ye mpe mibeko na Ye
Nioso oyo elakeli ngai yo lelo oyo, mbe bilakeli
mabe oyo nioso bikokwela yo mpe bikozwa yo.
Okolakelama mabe na mboka
Mpe okolakelama mabe na elanga.
Ekolo na yo mpe esalelo na yo na mapa ekolakelama mabe.
Bana na yo mpe mbuma na elanga na yo mpe
Bana na bangombe na yo mpe bana na ba mpate
Na yo bakolakelama mabe. Okolakelama mabe
 nan tango na kokota na yo mpe okolakelama
 mabe na ntango na kobima na yo
(Dutulonome 28:15-19).

## Chapitre 1

# Bolozi Zomi Ebetami na Ejipito

## Esode 7:1-7

YAWE mpe Alobelaki Mose ete, "Tala Nazalisi yo lokola Nzambe na miso na Falo, mpe Alona ndeko nay o akozala mosakoli nay o. Okosolola makambo nioso makolobela ngai yo, mpe Alona ndeko nay o akosoolola makambo nioso ekolobela Ngai yo mpe Alona ndeko nay o akosolola na Falo ete atika baton na Yisalele kobima na mokili oyo. Nde Nakoyeisa motema na Falo makasi, mpe ata nakofulisa bilembo na Ngai mpe misala na kokamwa na Ngai na mokili na Ejipito, Falo akoyoka yo te. Bongo Nakotia loboko na Ngai na likolo na Ejipito mpe na bitumbu minene Nakobimisa bibele na Ngai mpe baton a Ngai, bana babali na Yisalele, na mokili na Ejipito. Baejipito bakoyeba ete Ngai Nazali YAWE, wana ekosembola Ngai loboko na Ngai na likolo na Ejipito mpe ekobimisa Ngai baton a Yisalele na kati na bango. Mose mpe Alona basalaki bongo; basalaki lokola elakaki Yawe bango. Mose azalaki na mbula ntuku mwambe mpe Alona azalaki na mbula ntuku mwambe na misato wana esololaki bango na Falo

Moto nioso asengeli na kozala na esengo, kasi ezali mingi na bato te oyo bayokaka esengo. Mingi mingi na mokili na lelo eye etondisama na makama na lolenge na lolenge, ba bokono, mpe kobomana ezali pasi mpona kobeta ndangwa mpona esengo na moto.

Kasi ezali na moto moko oyo alingi biso tokuutana na esengo na koleka moto nioso. Ezali Tata na biso Nzambe oyo Akela biso. Kati na motema na ebele na baboti ezali na posa na kopesa nioso mpona bana na bango, mpona kopesa kaka, mpona esengo na bango. Nzambe na biso Alingaka biso makasi mosika koleka moboti nioso mpe Alingaka kopambola biso mingi koleka moboti nioso akolingela.

Lolenge nini akolinga ete bana ba Ye banyokwama na mitungisi to mpe bakutana na makama? Eloko moko te ekoki kozala likolo na mponna mposa na Nzambe mpona biso.

Soki tozali na makoki na koososola tinna na molimo mpe mokano na Nzambe ifandisama kati na Bolozi Zomi ibetama na Ejipito, tokoki kososola ete ezalaki mpe bolingo na Ye. Lisusu, tokoki koyeba ba nzela na kokima makama. Kasi ata na liboso na likama tokoki komona mpe kotalisama nzela na kobima mpe tokoba na kokende na nzela na mapamboli.

Na tango tokutani na mikakatano, bato mingi bandimelaka Ye te, kasi bakobaka na koyimayimaa mpona Nzambe. Ata kati na bandimi ezali na misusu ba oyo basosolaka motema na Nzambe ten a tango bakutani na mikakatano. Bakolembaka kaka kati na motemaa mpe bakokweya kati na komilela.

Yobo azalaki mozwi aleka kati na mokili na ebimelo na ntango. Kasi na tango makama makweyelaka ye, na ebandeli asosolaka mokano na Nzambe te. Alobaka na lolenge eye oyo ekomelaki ye esengelaki na kokommela ye. Etalisami kati na Yobo 2:10. Alobaki ete mpo ete azwaki mapamboli na Nzambe, ezalaki na libaku malamu ete azwa mpe elakeli mabe. Kasi, asosolaki mabe ete Nzambe Apesaka mapamboli mpe libaku mabe na ntina moko te.

Motema na Nzambe mpona biso azalaka soko te likama kasi kaka kimia. Liboso na biso tokota kati na ba Bolozi Zomi mipesamaki na Ejipito, tika ete tokanisa likolo na makambo mpe lolenge na tango wana.

## Kosalema na bato na Yisalele

Yisalele ezali ekolo moponami na Nzambe. Kati na lisituuale na bango, tokoki komona mokano na Nzambe mpe mokkano nna Nzambe malamu mingi. Yisalele ezalaki nkombo mopesamaki na Yakobo, nkoko na Abalayama. Yisalele elakisi ete, "osili kobunda na Nzambe mpe na bato mpe olongi" (Genese 32:28).

Yisaka abotamaki na Abalayama, mpe Yisaka azalaki na bana babali babale. Bazalaki Esau mpe YYakoobo. Ekookaki te ete mwana mobali na mibale, Yakobo, akanga litambe na ndeko na ye nna mobali Esau na tango bango babotamaki. Yakobo alingaka kozwa bokulutu na nndeko na ye esika na ndeko na ye kuluku Esau.

Yango tina na sima Yakobo asombaka bokuluku epai na Esau na mua mapa mpe supu nna ndunda. Akosaka mpe tata na ye, Yisaka, mpona kokamata mapamboli na mwana liboso Esau.

Lelo, makanisi ma bato mabongwani mingi, mpe bato bazali kotika libula kaka mponna bana babalii te kasi mppe mpona bbana na bbango na basi. Kasi na kala, muana mobali na liboso ammeseneke na kozwa libula nioso loggwa na battata na bango. Kati na Yisalele mpe lokola, lippamboli oyo mpona mwana liboso izalaki monene.

Biblia elobeli biso ete Yakobo azwaki mapamboli na muana mobali na liboso na lolenge na kokosa, kasi alikiaki ete solo akozwa mapamboli na Nzambe. Kino tango akamataki solo mapamboli, asengelaki koleka na mikakatano na ba lolenge na lolenge. Asengelaki kokima ndeko na ye mobali. Asalelaki noko na ye, Labana mpona ba mbula ntuku mibale mpe na tango azalaki kosala ye akangaki motema na kokosama mbala na mbala epai na ye.

Na tango Yakobo alongwaki na mboka na ye, azalaki na likama mpona bomoi na ye pamba te ndeko na ye azalaki naino na kanda na ye. Yakobo asengelaki koleka na mikakatano eye mpo ete azalaki na ezaleli na kilikili mpona koluka naino bolamu mpe lifuti na ye.

Kasi mpo ete azalaki kobanga Nzambe koleka nioso, abukaki ezaleli yango 'bo ye' na nzela na ba tango wana na mimekano. Bongo, sukasuka azwaki lipamboli na Nzambe mpe ekolo na Yisalele esalemaka na nzela bana babali zomi na mibale na ye.

## Ebandeli na Esode mpe Komonana na Mose

Yakobo tata na Yisalele atalisaki bolingi na koleka epai na Yosefe, muana na ye na zomi na moko. Yosefe abotamaki na Lachel, mwasi oyo Yakobo alingaka mingi koleka. Yango etelemisaki likunia na bandeko babali na Yosefe, mpe sukasuka, Yosefe atekisamaki na Ejipito epai na banndeko ba ye lokola moumbo.

Yosefe azalaki kobanga Nzambe mpe asalaki kati na bosembo. Atambolaki na Nzambe kati na makambo nioso mpe kaka na ba mbula zomi na misato longwa na tango atekisamaki na Ejipito, akomaki mokambi sima na mokonzi na mboka likolo na mokili na Ejipito mobimba.

Ezalaki na bokawuki makasi mpenza na mokili na Kati Kati na Kobima na Ntango, mpe mpona bolamu na Yosefe, Yacobo elongo na libota na ye bakendaki na Ejipito. Mpo ete Ejipito ebikisamaki na bokawuki wana makasi na nzela na bwanya na Yosefe, Falo elongo ba Baejipito basalelaki libota na ye malamu mingi mpenza mpe bapesaki bango mokili na Goshen.

Sima na koleka na ebele na mabota, bana na Yisalele bakomaki ebele. Baton a Ejipito babangaki. Mpo ete ezalaki ba nkama na ba mbula wuta kufa na Yosefe, basilaki kobosana ngolu na Yosefe. Sima na nioso, baton a Ejipito babandaki konyokola baton a Yisalele mpe bakomisaki bango baumbo. Baton a Yisalele batindimaki na kosala misala makasi.

Lisusu, mpona kokata bokoli na ebele na baton a Yisalele, Falo apesaki mitindo epai na basi babotisi na basin a Baebbele ete baboma bana babali babotami sika.

Mose, mokambi na Esode, abotamaki na ekeke wana na molili. Mama na ye amonaki ete ye azalaki kitoko mpe abombaki ye mpona ba sanza misato. Tango oyo ye akokaki lisusu kobomba ye te ekomaki, mpe atiaki yye kati na kitunga mpe atiaki yango kati na nzete na main a esika na ebale na Nile.

Na tango wana, muan mwasi na mokonzi na Ejipito akitaki mpona kosukola na ebale na Nile. Amonaki kitunga mpe alingaki kozwa mpe kobatela mwanna mobali. Ndeko muasi na Mose azalaki kotala eloko nini esalemaki mpe amemaki na lombangu Yochebedi, mama na Mose na solo, lokola momelisi na mwana. Na nzela oyo, Mose akolisamaki epai na mama na ye moko.

Na boye, ayaki koyekola likolo na Nzambe na Abalayama, Yisaka, mpe Yakobo, mpe likolo na bana na Yisalele.

Kokola na ndako monene na Falo, Mose ayekolaki ebele na mayebi na lolenge na lolenge eye ekobongisa mpe ekopesa na ye makoki lokola mokambi. Na tango moko ayekolaki malamu likolo na bato na ye mpe Nzambe. Bolingo na ye mpona Nzambe mpe mpona bato na ye ekolaki mpe lokola.

Nzambe Aponaki Mose lokola mokambi na Esode mpe wuta mbotama na ye ayekolaki mpe asalelaki botambwisi na bato mpe lolenge na kokamba.

## Mose na Falo

Mokolo moko ezalaki ezalaki na likambo ebongolaka bomoi na Mose. Azalaka tango nioso komitungisama mpona baton a ye, Baebele, mpe azalaki na mitungisi mpona kotoka na bango mpe na minyoko na bango lokola baumbo. Mokolo moko, amonaki Moejipito kobeta Moebele mobali. Akokaki lisusu kokanga kanda na ye ten de abomaki Moejipito. Na bongo Falo ayokaki yango mpe Mose asengelaki na kokima ye.

Mose asengelaki na kolekisa ba mbula ntuku minei milandi lokola mobateli mpate kokata suki na bam pate kati na Madia na lisobe. Nioso oyo ezalaki kati na mabongisi na Nzambe mpona kobongisa ye lokola mokambi na Esode. Na tango na ba mbula 40 na kokamba bam pate na tata bokilo na ye kati na lisobe, abwakisaki mpenza bokonzi na mwana na Mokonzi na Ejipito mpe akomaki moto na komikitisa mingi mpenza.

Ezalaki kaka sima na nioso oyo nde Nzambe Abiangaki Mose

lokola mokambi na Esode. (Kobima)

Nde Mose alobelaki na Nzambe ete, "Ngai nani ete nakende liboso na Falo mpe ete nabimisa bana na Yisalele na Ejipito?" (Esode 3:11)

Mpo ete Mose azalaki kaka kokamba ba mpate mpona mbula ntuku minei, azalaki na molende te. Nzambe mpe Ayebaki motema na ye, mpe Ye moko Atalisaki na ye bilembo ebele lokola kobongola lingenda na nyoka mpo na kotika ye akenda liboso na Falo mpe apesa mokano na Nzambe.

Mose amikitisaki ye mpenza mpe akokaki kotosa mobeko na Nzambe. Kasi Falo na kokesana na Mose azalaki moto na mangongi ebele na motema moyeisama libanga.

Moto na motema moyeisama libanga abongwanaka tea ta sima na komona misala ebele na Nzambe. Kati na lisese eyebana malamu mingi eye Yesu Alobaka kati na Matai 13:18-23, kati na ba lolenge minei na bilanga, motema moyeisama libanga ekweyaka na mabele na balabala. Mabele kati na balabala izalaka makasi mpo ete bato batambolaka likolo na yango. Ba oyo bazalaka na motema na lolenge oyo bakombongwanaka tea ta soki bamoni misala na Nzambe.

Na tango wana Bato na Ejipito bazalaki na bizaleli makasi mpe na molende lokola ba nkosi. Motambwisi na bango, Falo, azalaki na nguya likolo na bango nioso mpe amimonaki ye moko lokola nzambe. Bato mpe basalelaki ye lokola azalaki nzambe.

Mose alobaki mpona Nzambe na bato na lolenge na bososoli na lolenge oyo. Bayebaki eloko moko te mpona Nzambe oyo Mose Alobelaki, mpe Ye oyo azalaki kopesa motindo ete Falo atika Bayisalele bakende. Ezalaki solo pasi mpona bango bayokela Mose.

Bazalaka kosepela ebele na lifuti kati na mosala na Bayisalele bongo ezalaki pasi na koleka mpona kondima yango.

Lelo mpe lisusu, ezali na bato oyo bamonaka kaka boyebi na bango, koyebana, mpifo, to mpe nkita na bango nde eleki. Balukka kaka bolamu na bango moko mpe batiaka elikya na makoki na bango moko. Bazalaka na lolendo mpe mitema na bango makasi.

Mitema na Falo mpe na baton a Ejipito mizalaka makasi. Bongo batosaki mokano na Nzambe oyo epesamaki na Mose te. Baboyaki kotosa kino suka mpe sukasuka babomamaki.

Ya solo, ata soki motema na Falo eyeisamaki makasi, Nzambe Andimelaki bolozi monene na ebandeli.

Lolenge elobama ete, "E YAWE Azali na motema molai; na motema molai mpenza mpe na boboto monene monene" (Nzembo 145:8), Nzambe Atalisaki bango nguya na Ye na nzela na Mose na mbala mingi. Nzambe Alingaki bango ete bayeba Ye mpe batosa Ye. Kasi Falo ayeisaki motema na ye makasi lisusu na koleka.

Nzambe, oyo Amonaka motema mpe makanisi na moto nioso, Alobelaki Mose mpe Atikaki ye ayeba nioso oyo elingaki Ye kosala.

Nde Nakoyeisa motema na Falo makasi, mpe ata Nakofulukisa

bilembo na Ngai mpe misala na kokamwa na ngai na mokili na Ejipito, Falo akotoka yo te. Bongo nakotia loboko na Ngai na likolo na Ejipito mpe na bitumbu minene nakobimisa bibele na ngai mpe baton a ngai, bana babali na Yisalele, na mokili na Ejipito. Baejipito bakoyeba ete Ngai Nazali YAWE, wana ekosembola Ngai loboko na Ngai na likolo na Ejipito mpe ekobimisa ngai baton a Yisalele na kati na bango (Esode 7:3-5).

Motema na Falo eye Eyeisama Makasi mpe Bolozi Zomi eyaki.

Kati na mosala nioso na Esode, tokoki mbala mingi komona liloba lokola ete, "YAWE Ayeisaki motema na Falo makasi" (Esode 7:3).

Na kotala emonanaki lokola Nzambe Ayeisaki motema na Falo makasi na mposa na Ye moko, mpe moto akoki kososola Nzambe mabe lokola Azalaki monyokoli. Yango ezali solo te.

Nzambe Alingi moto nioso akoma na lobiko (1 Timote 2:4). Alingi moto ata na motema makasi koleka ete asosola solo mpe akota na lobiko.

Nzambe Azali Nzambe na bolingo ; Akotikala kaka koyeisa motema na Falo makasi tem po été Atalisa nkembo na Ye. Mpe lisusu na nzela na komona lolenge nini Nzambe Akotindaka Mose mbala na mbala epai na Falo, tokoki kososola été Nzambe Alingi Falo mpe moto nioso abongola motema mpe atosa Ye.

Nzambe Asalaka makambo nioso na molongo, kati na bolingo,

mpe kati na bosembo, na kolandaka liloba kati na Biblia.

Soki tokosala mabe mpe tokoyoka liloba na Nzambe te, moyini zabolo akofunda biso. Yango tina tokomonanaka na mimekano mpe mikakatano. Ba oyo bakotosaka Liloba na Nzambe mpe bakobikaka kati na boyengebene bakozwa mapamboli.

Bato baponaka misala na bango kati na makoki na bango moko na kopona. Nzambe Aponaka te nani akozwa mapamboli mpe nani akozwaka te. Bongo soko Nzambe Azala Nzambe na bolingo mpe na Sembo te, Alingaki kobeta ba Bolozi minene na Ejipito kaa na ebandeli mpona komema Falo na kotika.

Nzambe Alingaka 'botosi na makasi te' kobima na bobangi. Alingi bato bafongola mitema na bango mpe batosa Ye na makoki na bango na kopona.

Yambo Atikaka biso toyeba mokano na Ye mpe Atalisaka nguya na Ye mpo ete tokoka kotosa. Kasi na tango bakotosaka te, Akobanda na makama na mike mpo ete Asosolisa biso mpe emema bison a komimona biso mpenza.

Nzambe na Nguya Nioso Ayebi motema na moto; Ayebi tango mabe ekomonana mpe lolenge nini tokoki kolongola mabe mpe lolenge nini tokoki kozwa solution na makambo na biso.

Ata lelo Atambwisaka bison a lolenge malamu eleka mpe Akotisaka ba lolenge esengeli mpo ete tokened liboso lokola bana babulisama na Nzambe.

Na tango na tango, Andimelaka biso mimekano mpe komekama oyo tokoki koleka. Ezali nzela mpona biso tomona mabe kati na biso mpe tolongola yango. Lokola molema na biso ezali kofuluka, Akotika makambo nioso matambola malamu mpona biso mpe Apesaka biso nzoto malamu.

Falo abwakaki mabe na ye te, kasi, na tango etalisamaki,, akangaki motema na ye mpe akobaki na koboya kotosa Liloba na Nzambe. Mpo ete Nzambe Ayebaki motema oyo na Falo, Atikaki ete motema oyo libanga na Falo etalisama na nzela na ba Bolobi. Yango tina Biblia elobi ete, "YAWE Ayeisaki motema na Falo makasi."

'Kozala na motema libanga' na momesano elakisaka ete ezaleli na moto ezali motomoto mpe mangongi. Kasi motema moyeisama makasi mokomama kati na Biblia na oyo etali Falo ezali kaka koboya kotosa Liloba na Nzambe kati na kanda te, kasi kasi mpe kotelemela Nzambe.

Lolenge etalisami na liboso, Falo abikaki bomoi na kotala kaka na ngambo na ye moko, ata na komimona ye moko lokola nzambe. Bato nioso bazalaki kotosa ye, mpe azalaki na eloko moko ten a kobanga. Soki azalaka na motema malamu, alingaki kondimela Nzambe na komonaka misala na nguya mitalisamaki na nzela na Mose, ata soki ayebaka liboso na Nzambe liboso te.

Ndakisa, Nebukadanesala na Babiloni oyo abikaka longwa na mbula 605 kino 562 Liboso na Yesu, atikalaka koyeba Nzambe te, kasi na lolenge amonaka nguya na Nzambe na nzela na baninga basato na Daniele Shadrack, Meshack, na Abede-Nego, andimaki bokasi na Nzambe.

"Nabukadanesala alobaki ete, 'Nzambe na Shadrack mpe Meshaka mpe Abede-Nego Akumama, oyo Atindaki mwanje na Ye mpe Abikisaki baombo na Ye, baoyo bandimaki Ye mpe baboyaki lilako na mokonzi, mpe bapesaki nzoto na bango ete basalela mpe basambela nzambe mosusu te, bobele Nzambe na bango mpenza. Yango wana nazali kolaka elakeli ete, 'Soko libota to mokili to lokota nini ekoloba mabe soko nini na ntina na Nzambe na Shadrack mpe Meshack mpe Abede Nego, bakokatama na biteni mpe ndako na bango ikozalisama mabondo na mbindo; mpo ete nzambe mosusu boye azali te, oyo akoki kobikisa na lolenge na oyo'" (Daniele 3:28-29).

Shadrack, Meshack, mpe Abede-Nego bakendaki na mboka na bapagano lokola bakangemi na mbula na bango na bolenge. Kasi kotosa mibeko na Nzambe batikalaki na kongunbama liboso na ekkeko te. Babwakamaki kati na litumbu na moto. Kasi pasi ekomelaki bango te, mpe ata suki moko ten a bango izikaki. Na tango Nabukadanesala amonaki yango, andimelaki mbala moko Nzambe na bomoi.

Andimelaki kaka Nzambe na nguya nioso te na tango amonaki misala na Nzambe iye ilekelaka makoki nioso na bato; Apesaki mpe nkembo epai na Nzambe liboso na baton a ye nioso.

Kasi Falo atikalaki kondimela Nzambe tea ta sima na ye komona misala na Ye nguya. Ayeisaki lisusu motema na ye makasi. Kaka sima na ye konyokwama na Bolozi moko to mibale te kasi nioso zomi nde atikaki bana na Yisalele bakende.

Kasi mpo ete motema na ye makasi ezalaki na moboko ibongwana te, ayokaki pasi mpo ete atikaki bana na Yisalele bakende. Alandaki bango na mapinga na ye, mpe na suka ye elongo na mapinga na ye bakufaki kati na Mai na Monana Motane.

### The Israelites Were Under the Protection of God Bana na Yisalele Bazalaki na Nse na Kobatelama na Nzambe

Na tango mokili mobimba na Ejipito ebetamaki na ba Bolozi mpe ata ete bana na Yisalele bazalaki na Ejipito moko, banyokwamaki na bolozi ata moko te. Ezalaki mpo ete Nzambe Apesaki kobatelama na Ye special likolo na mokili na Goshen esika wapi Bayisalele bazalaki kofanda.

Soki Nzambe Azali kobatela biso, tokoki mpe kozala malamu ata kati na makama minene mpe minyokoli. Ata soki tozwi bokono to mpe tokutani na kokoso, tokoki kobikisama mpe kolonga yango na nguya na Nzambe.

Ezalaki te mpo ete bazalaki na kondima mpe bakomisamaki sembo nde bana na Yisalele babatelamaki. Babatelamaki mpo ete bazalaki baponami na Nzambe. Na bokeseni na Bai Ejipito, balukaki Nzambe kati na ba pasi na bango, mpe mpo ete bandimelaki Ye, bakokaki kozala nan se na kobatelama na Ye.

Na lolenge moko, ata soki tozali naino na lolenge na mabe kati na biso, kaka na lolenge oyo biso tokomi bana na Nzambe, tokoki kobatelama na makama eye ekomelaka bazangi kondima.

Ezali mpo ete tolimbisamaki na masumu na biso na makila na Yesu Ckristu, mpe tokomi bana na Nzambe; na bongo, tozali lisusu bana na zabolo te oyo amemelaka biso mimekano mpe makama.

Lisusu, na lolenge kondima na biso ikokola, toyaka na kobatela mokolo na Nkolo bulee, tokolongolaka mabe, mpe tokotosaka Liloba na Nzambe, nde bongo, tokoki kozwa bolingo na Nzambe mpe mapamboli.

Sasaipi mpe , Є Yisalele, YAWE Nzambe nay o Aluki nini epai nay o soko ezali oyo te ete omemisa Yawe Nzambe nay o mpe otambola na nzela na Ye nioso mpe Olinga Ye mpe osalela Yawe Nzambe nay o na motema nay o mobimba, mpe na molimo nay o mobimba, mpe otosa malako mpe mibeko na Yawe oyo elakeli ngai yo lelo mpo na malamu na yo? (Dutelonome 10:12-13)

## Chapitre 2

# Bomoi na Koboya Kotosa mpe ba Bolozi

## Esode 7:8-13

YAWE Alobelaki Mose mpe Alona ete, "Wana ekolobela Falo bino ete, bosala mosala na kokamwa mpona komilongisa, okolobela Alona ete, 'Kamata lingenda nay o mpe bwaka yango nan se liboso na Falo ete yango embongwana nyoka. Bongo Mose mpe Alona bakendaki epai na Falo mpe basalaki lokola elakaki Yawe. Alona abwakaki lingenda na ye nan se liboso na Falo mpe na baombo na ye, mpe yango embongwanaki nyoka. Bongo Falo abiangaki baton a mayele mpe banganga na nkisi, mpe bango banganga na Ejipito basalaki mpe bongo na mayele na bango nan kuku. Moto na moto abwakaki lingenda na ye nan se, mpe yango embongwanaki nyoka. Nde lingenda na Alona emelaki mangenda na bango. Kasi motema na Falo etikalaki naino makasi, mpe ye ayokaki bango te, lokola esilaki YAWE koloba

KARL MARX aboyaki Nzambe. Abandisaki comunisme na moboko na biloko mikomonana. Malakisi na ye ememaki ebele na bato balongwa Nzambe. Emonanaki lokola mokili mobimba balingaki kondimela comunisme. Kasi comunisme ekweyaki na ba mbula pembeni na 100.

Kaka lolenge bokweyi na comunisme, Marx anyokwamaki na makambo na lolenge wana kati na bomoi na ye moko na lolenge na bokono na moto oyo ezangisaki ye kobatelama mpe kufa na ba mbula mike na ban aba ye.

Friedrich W. Nietzsche, oyo alobaki ete Nzambe Akufa, amemaki ebele na baton a kotelemela Nzambe. Kasi kala te, akomaka moto na liboma likolo na bobangi mpe sukasuka akutanaki na suka na somo.

Tokoki komona ete ba oyo batelemelaka Nzambe mpe baboyaka kotosa Liloba na Ye banyokwamaka na ba pasi miye mizali lokola ba Bolozi mpe babikaka ba bomoi na mawa mingi.

Bokeseni kati na ba Bolozi, Mimekano, Komekama, Minyokoli

Bazala bandimi to te, bato nioso bakoki komonana na ba mikakatano na ba lolenge kati na bomoi na bango. Ezali mpo ete bomoi na biso ezali kati na mokano na Nzambe na boleki na baton a nse na moi ibongisama mpona kozwa bana na solosolo.

Nzambe Apesaka na biso kaka biloko malamu. Kasi wuta masumu ikota kati na bomoi na bato likolo na lisumu na Adamu, mokili oyo ekoma nan se na bokambami na moyini zabolo mpe

Satana. Kobanda tango wana, bato babanda konyokwama na ebele na miyoko mpe na ba pasi.

Likolo na koyina mpe na nkanda, kolula biloko na bato, lolendo mpe makanisi na pite bato bayaka na kosumuka.

Kolandana na monene na lisumu, bayaka na konyokwama na ba lolenge nioso na komekama mpe na mimekano eye moyini zabolo mpe Satana bamemelaka bango.

Na tango bakokutana na ba kokoso makasi, bato balobaka ete eleki somo. Mpe lisusu na tango bandimi bakutanaka na makambo makasi, bamesana kolobela maloba lokola 'komekama' to 'mimekano.'

Biblia mpe elobaka ete "Na koleka mpe, tokosepelaka ata na kati na bolozi, awa ayebi biso ete bolozi ekoyeisa mpiko, mpe mpiko ekoyeisa motema na nguya mpe motema na nguya ekoyeisa elikia." (Baloma 5:3-4).

Kolandana na soko to mpe te moto na moto akobikaka kati na solo, mpe kolandana na etape kati na kondima nini moto na moto azali na yango, ikoki kobengama makama to ba bolozi, komekama to mimekano.

Ndakisa, na tango moto azali na kondima kasi azali kosala kolandana na Liloba oyo ye azalak koyeka tango nioso, Nzambe Akoki kobatela ye ten a konyokwama ebele na ba kokoso. Yango ekoki kobengama 'konyokolama.' Lisusu, soki abwakisi kondima na ye mpe akosala kati na solo te, akonyokwama na ba bolozi mpe na makama.

Lisusu, toloba ete moto azali koyoka Liloba mpe akomekaka

kosalela yango, kasi sik'awa ye mpenza abiki kati na Liloba na mobimba na yango te. Bongo, asengeli kozala na nzela na kobundisama na masumu kati na motema na ye. Na tango moto akutani na ba kokoso na lolenge na lolenge mpona ye kobunda na masumu maye kino na esika na kotangisa makila, Biblia elobi ete azali konyokwama mimekano to mpe azongisami na nzela. Mingi mingi, ebele na ba kokoso eye akutani na yango ebengami 'mimekano.'

Lisusu, 'momekano' ezali nzela na kotala lolenge nini kondima na moto ekoli. Bongo, ba oyo bazali komeka kobika na Liloba, ezali na mimekano mpe komekama iye mikolanda. Soki moto alongwe na solo mpe apesi Nzambe nkanda, akonyokwama na 'minyokoli' to 'Bolozi.'

## Ba Tina na Ba Bolozi

Na tango moto amisaleli masumu na nko, Nzambe Asengeli na kobalolela ye elongi. Bongo, moyini zabolo mpe Satana akoki komemela ye ba bolozi. Ba bolozi ekoya na lolenge oyo moto azangi kotosa Liloba na Nzambe.

Soki akolongwa te kasi akokoba na kosumuka ata na sima na sima na ye konyokwama na ba bolozi, akonyokwama na ba bolozi eleki minene lokola mpona ba Bolozi Zomi na Ejipito. Kasi soki atubeli mpe alongwe na masumu, ba bolozi mikolongwa na kala ye na mawa na Nzambe.

Bato banyokwamaka na b aba bolozi likolo nan a mabe na bango, kasi tokoki komona masanga mibale na bato kati na ba oyo bazali konyokwama.

Lisanga moko ekoya epai na Nzambe mpe bakomeka koyambola mpe na kolongwa na nzela na ba bolozi. Na ngambo mosusu, lisanga mosusu ikokoba na koyimayima liboso na Nzambe na kolobaka ete, "Nazalaki nokinoki koyangana na egelesia, nabondelaka mpe napesaka mabonza, mpe mpona nini nasengeli konyokwama na bolozi na boye?"

Lifuti ikozala mpenza na bokeseni kati na moko na moko na bango. Mpona likambo oyo tolobeli, bolozi ekolongolama mpe mawa na Nzambe ekokitela bango. Kasi mpona oyo na sima, basosolaka ata likambo te, nde ba bolozi minene eleka ekokitela bango.

Na lolenge oyo moto azalai na mabe kati na motema na ye, ezali pasi mpona ye kososola mbeba na ye mpe alongwa na yango. Moto na lolenge oyo azali mpenza na motema libanga nde akofungola ekuke na motema na ye te ata na sima na koyoka Sango Malamu. Ata soki ayei kati na kondima, akozanga kososola Liloba na Nzambe; akoyanganaka kaka kasi akomibongolaka te.

Na bongo, soki bozali konyokolama mpona bolozi, bosengeli kososola ete ezalaki na likambo esengela ten a miso na Nzambe, mpe na lombangu bolongwa mpe bokende mosika na bolozi.

## Mabaku Malamu Mapesama na Nzambe

Falo aboyaki Liloba na Nzambe oyo epesamelaki ye na nzela na Mose. Alongwaki na mabe ten a tango ba bolozi mike mipesamelaki ye, bongo asengelaki konyokwama na ba bolozi maleki minene. Na tango akobaki na kosalaka mabe, na kozanga kotosa Nzambe, mboka na ye mobimba ekomaki mpenza na bolembu mingi mpo ete bakoka na kozongela. Na suka akufaki liwa na somo. Boni liboma ye azalaki!

Na nsima na makambo yango Mose mpe Alona bakendaki epai na Falo mpe balobaki ete, 'YAWE Nzambe Bayisalele Alobi boye ete, 'Tika baton a ngai bakende kosala elambo epai na Ngai na lisobe'" (Esode 5:11).

Na tango Mose atunaki na Falo ete abimisa Bayisalele kolandana na Liloba na Nzambe, Falo aboyaki na mbala moko.

Falo nde alobaki ete, 'YAWE Azali nani nde nayoko monoko na Ye mpe natika Yisalele kokenda> Ngai nayebi Yawe te, mpe nakotika Yisalele kokende te" (Esode 5:2).

Nzambe na Baebele Azwani na biso. Tobondeli yo ete otika biso tokenda mobembo na mikolo misato kati na lisobe ete totumbela Yawe Nzambe na biso mbeka, ete akwela bison a malady soko na mopanga te (Esode 5:3).

Na tango Falo ayokaki Liloba epai na Mose mpe na Alona,

afundaki baton a Yisalele na myele te ete bango bazalaki goigoi mpe bazalaki okanisa na eleko mosusu kasi mosala na bango te. Anyokolaki bango na mosala moleki makasi mpenza na somo. Na liboso baton a Yisalele bapesamelaki matiti mpona kosala ba biliki, kasi sasaipi basengelaki kosala motuya moko na ba biliki na kopesamma lisusu matiti te. Ezalaki pete te mpona baton a Yisalele bakokisa motuya wana na ba biliki ata na tango matiti epesamelaki bango, kasi sasaipi Falo atikaki kopesa na bango matiti. Tokoki komona motema eyeisama makasi Falo azalaki na yango.

Lokola mosala na bango makasi elutaki, baton a Yisalele babandaki koyimayiima mpona Mose. Kasi Nzambe Atindaki lisusu Mose epai na Falo mpona kotalisa bilembo. Nzambe Azalaki kopesa na Falo oyo azalaki koboya kotosa Liloba na Nzambe, libaku malamu mpo été atubela na kotalisaka ye nguya na Nzambe.

Mpe Mose na Alona bakendeki epai na Falo, mpe basalaki lokola elakaki YAWE. Alona abwakaki lingenda na ye nan se liboso na Falo mpe na baumbo na ye, mpe yango ebongwanaki nyoka (Esode 7:10).

Na nzela na Mose, Nzambe Asalaki nyoka longwa na lingenda, mpona kotatola Nzambe na Bomoi epai na Falo oyo ayebaka Nzambe te.

Na molimo, 'nyoka elakisi Satana, mpe mpo nini Nzambe Nzambe Asalaki nyoka longwa na lingenda?

Mabele esika wapi Mose atelemaki mpe lingenda mizalaki na mokili oyo. Mpona kotalisa yango, Nzambe Asalaki nyoka. Ezali mpona koyebisa biso ete ba oyo basengeli ten a miso na Nzambe bakozwaka tango nioso misala na Satana.

Falo atelemelaki Nzambe, nde bongo, Nzambe Akokaki kopambola ye te. Yango tina Nzambe Asalaki ete nyoka amonana, etalisi Satana. Ezalaki kotalisa na liboso ete misala na Satana mikolanda. Ba bolozi milandaki na sima lokola bolozi na makila, bolozi na mbemba, mpe na ngungu misalamaki nioso na misala na Satana.

Na bongo, lingenda kombongwana na nyoka ezali etape wapi mua biloko mike mikosalema mpo ete moto na bokebi akoka na koyoka yango. Mikoki ata komonana lokola na mbalakata. Ezali esika wapi likama ekoyaka mpenza te. Ezali libaku malamu ipesami epai na Nzambe mpo ete moto akoka na kotubela.

## Falo Abengisi Bato na Soloka na Ejiito

Lokola Falo amonaki lingenda na Alona kombongwana nyoka, Falo abengisaki baton a soloka mpe na banganga kisi na Ejipito.

Bazalaki baton a soloka kati na ndako na mokonzi mpe basalaki misala mingi na soloka liboso na mokonzi mpona kosepelisa. Bamataki kino na esika na bakonzi likolo na mosala na bango na soloka. Lisusu, mpo ete ekitamaki na bango na ba tata na bango, babotamaki solo na ezaleli wana.

Ata lelo, baton a soloka misusu bakolekaka kati na Lopango Monene na Chine liboso na bato ebele mpenza, to mpe bakolimwisaka Ekeko na Liberte. Lisusu, bato misusu bamikembisa mpenza na yoga mpona ba mbula ebele nde bongo bakoki kolala likolo na ba nzete mike mpenza, to mpe kofanda kati na Katina mikolo mingi.

Misala misusu na soloka yango mizali kaka bokosi na miso.
Ata bongo, bakomibongisaka mpona kosala makambo na nkamwa. Bongo, lolenge nini banganga na kisi basengelaki kozala na nguya makasi mpo ete bango bazalaki kosala liboso na mokonzi na mboka mpona bikeke na bikeke! Mingi mingi, mpona oyo etali bango, bakokaki komibongisa mpona kokutanaka na milimo mabe.

Banganga kisi misusu na Coree bakutanaka na ba demona, mpe bakobinaka likolo na mbeli n amino makasi mpenza mpe ikosalaka bango pasi moko te. Banganga kisi na Falo mpe bazalaki kokutana na milimo mabe mpe batalisaki mingi na makambo na kokamwisaka.

Banganga kisi na Ejipito bazala komikembisa mpona ba mbula ebele mpenza, mpe na nzela na ba liloto mpe na kosekisa, babwakaki lingenda mpe yango imbongwanaki nyoka.

## Ba Oyo Bandimaka Nzambe na Bomoi Te

Na tango Mose abwakaki lingenda na ye mpe ekomaki nyoka, na ngonga moke Falo akanisaki ete Nzambe Azali mpe Nzambe na Yisalele azali Nzambe Solo mpe Nzambe na Yisalele Azali Nzambe na solo. Kasi na ngonga amonaki banganga kisi kosala ba nyoka andimelaki Nzambe te.

Ba nyoka oyo banganga basalaki bamelamaki na nzete na Alona, kasi akanisaki ete ezalaki kaka na pwasa.

Kati na bondimi pwasa ezalaka te. Kasi mpona oyo etali bandimi na sika ba oyo bandimeli kaka Nkolo, ekoki kozala na misala mingi na Satana mpona kotungisa ye été andimela Nzambe te. Bongo, ebele na bato bakomonaka yango lokola kaka na pwasa.

Lisusu, bandimi basusu ba oyo bandimeli kaka Nkolo bazwaka biyano na ba kokoso na bango na lisungi na Nzambe. Na ebandeli, bakondimaka nguya na Nzambe, kasi na boleki na tango, bakokanisaka ete ezalaki kaka na pwasa.

Kaka lolenge Falo amonaki mosala na Nzambe na kobongolama na lingenda nyoka, kasi atikalaki kondima Nzambe te, ezali na bato oyo bandimaka Nzambe na bomoi te kasi bango bamonaka kaka makambo nioso makosalema na pwasa ata sima na bango komona misala na Nzambe.

Bato misusu bandimaka mpenza Nzambe kaka sima na bango komona mosala moko na Nzambe. Basusu na ebandeli bakondimaka Nzambe kasi sima, bakokanisaka ete likambo isilisamaki na makoki na abngo moko, boyebi, makambo bakutana na yango, to mpe na nzela na lisungi na bazalani, mpe bakotalaka mosala na Nzambe lokola pwasa.

Mpona oyo etali bokono iye ibikisamaki, ikoki lisusu kobanda, to mpe ikoki kutu kobakisama. Mpona likambo kati na bombongo, makambo maleki minene makoki komonana koleka na liboso.

Na tango tokotalaka biyano na Nzambe lokola mazalaki na pwasa, ikomema biso tozala mosika na Nzambe. Bongo, likambo na lolenge moko ikoki lisusu kobanda to mpe ikoki ata komema kokoso eleki makasi.

Na lolenge moko, mpo ete Falo amonaki ete mosala na Nzambe izalaki kaka pwasa, abandaki sasaipi konyokwama na ba bolizi na solosolo.

Yet Pharaoh's heart was hardened, and he did not listen to them, as the LORD had said (Exodus 7:13). Kasi motema na Falo etikalaki naino makasi, mpe ye ayokaki bango te, lokola esilaki YAWE koloba.

# Chapitre 3

## Bolozi na Makila, na Mbemba, mpe na Ngungu

## Esode 7:20-8:19

*Mose mpe Alona basalaki lokola elakaki Yawe na bango Na miso na Falo mpe na miso na basali na ye, ye atambolaki lingenda na ye mpe abetaki mai mazalaki kati na ebale, mpe mai nioso na ebale mambongwanaki makila (7:20).*

*Bongo YAWE Alobaki na Mose ete, "Lobela Alona ete, 'Sembola loboko nay o mpe lingenda nay o na likolo na bibale mpe mikele mpe na bitima mpe bimisa mbemba na mokili na Ejipito.'" Bongo Alona asembolaki loboko na ye na likolo na main a Ejipito; mpe mbemba ebimaki mpe izipaki mokili na Ejipito (8:5-6).*

*Bongo YAWE Alobelaki Mose ete, 'Lobela Alona ete, 'Sembola lingenda nay o mpe beta mputulu na mokili ete yango embongwana ngungu na epai nioso na mokili na Ejipito. Basalaki mpe bongo. Alona Asembolaki loboko mpe lingenda na ye, mpe abetaki mputulu na mokili, mpe ngungu ikomaki na likolo na bato mpe na nyama. Mputulu nioso na mokili imbongwanaki ngungu bipai nyoso na mokili na Ejipito (8:16-17).*

*Banganga balobaki na Falo ete, 'oyo ezali mosapi na Nzambe. Motema na Falo nde ezalaki makasi mpe ye ayokaki bango te, lokola elobbaki YAWE. (8:19).*

Nzambe Alobelaki Mose ete motema na Falo ekoyeisama makasi, mpe ye akoboya kotika bana na Yisalele bakenda ata sima na komona nzete kobongwana nyoka. Bongo Nzambe Alobelaki Mose nini kosala na mozindo.

Kenda epai na Falo na ntongo, wana ezali ye kokenda na mai. Lambela ye na libongo na ebale, mpe kamata na loboko nay o lingenda oyo embongwanaki nyoka (Esode 7:15).

Mose akutanaki na Falo oyo azalaki kotambola na libongo na Nile. Mose alobelaki ye liloba na Nzambe na kosimbaka lingenda eye embongwanaki nyoka na liboko na ye.

Yawe Alobi boye ete, 'mpo na oyo okoyeba ete Ngai Nazali Yawe; tala nakobeta mai mazali na ebale na lingenda lizali na loboko na nga, mpe yango ekombongwana makila, mpe mbisi na ebale ikokufa, mpe ebale ekobeba, mpe Baejipito bakoyoka mabe mingi mpona komela main a ebale'" (Esode 7:16-18).

## Bolozi na Makila

Mai ezali eloko moko eye eleki penepene na biso mpe ekangama mpenza na bomoi na biso. Ntuku sambo na ba pourcentage na nzoto na biso esalema na mai, ezali mpenza eleko na motuya mpona eloko nioso na bomoi.

In ancient China, they had a water-control minister. We can easily see water around us everywhere, but sometimes we fail to see how great its relative importance is in our lives.

Lelo, na kotala bokoli na koleka na baton a mokili oyo mpe bokoli na mayele na nkita, ebele na bikolo bazali konyokwama mpona bozangi na mai. ONU atia 'Mokolo na Mai na Mokili' mpona kobanzisa biso na motuya na mai. Ezali mpona kopesa makasi na bato mpona koyeba kosalela mai oyo ezali lisusu mingi te.

Kati na Chine ya kalakala, bazalaka na ministre mpona mambi matali mai. Na pete tokoki komona mai pembeni na biso esika nioso, kasi eloko moko tozangi komona ezali motuya na yango mpenza kati na bomoi na biso.

Likambo na monene na lolenge nini yango ekozala soki mai nioso kati na mboka embogwanaki na makila ! Falo na bato na Ejipito bakutanaki na likambo na kokamwisa boye. Nile embongwanaki na makila.

But Pharaoh hardened his heart and did not listen to God's word, for he had seen his sorcerers turning water into blood, too.

Kasi Falo ayeisaki motema na ye makasi mpe ayokaki Liloba na Nzambe te, mpo ete amonaka banganga kisi na ye kobongola main a makila mpe lokola.

Mose atalisaki na ye Nzambe na bomoi, kasi Falo amonaki kaka yango lokola eloko na pwasa mpe awanganaki yango. Bongo, na lolenge mabe ezwamaki kati na ye, bolozi eyaki epai na ye.

Mose na Alona basalaki kaka lolenge Yawe Asengaki na bango basala. Na miso na Falo mpe na miso na basali na ye Mose atombolaki lingenda mpe abetaki mai eye ezalaki kati na Nile mpe mai nioso iye ezalaki kati na Nile embongwanaki makila.

Bongo, baton a Ejipito basengelaki kotimola zingazinga na Nile mpona kozwa main a komela. Yango ezalaki bolozi na liboso.

## Limbola na molimo mpona Bolozi na Makila

Sasaipi, nini ezali limbola na molimo etiama kati na bolozi na makila?

Eteni na monene kati na Ejipito ezali lisobe mpe bokauki. Na bongo, Falo elongo na bato ba ye basengelaki na konyokwama na lolenge monene mpo ete main a bango na komela embongwanaki makila.

Kaka main a komela te kasi mpe main a kosalela mokolo na mokolo ekomaki mabe, kasi mpe lisusu mbisi kati na mai ikufaki, mpe ezalaki na solo mabe. Bozangi bolamu ilutaki mpenza.

Na lolenge eye, bolozi na makila na molimo elakisi minyoko mikoyaka mpona makambo matali bomoi na bison a mokolo na mokolo. Ezali na makambo makopesaka nkanda mpe pasi, koyaka na nzela na bato pembeni na biso mpenza lokola bandeko na libota, baninga, to mpe baning na mosala.

Na kotala bomoi na biso kati na Christu, bolozi oyo ekoki kozala eloko lokola konyokolama to mpe mimekano kowuta na baninga na bison a pembeni mpenza, baboti, bandeko na libota, to bazalani. Ya solo, ba oyo na etape monene kati na kondima bakolonga yango na bopete mingi, kasi ba oyo kondima moke bakonyokwama pasi monene likolo na minyokoli mpe mimekano.

## Mimekano Kokomela ba oyo Bazali na Mabe

Ezali na ba lolenge mibale na kokutana na mimekano.

Yambo ezali mimekano miye mikoyaka na tango tobiki na Liloba na Nzambe te. Na tango oyo, soki noki noki totubeli mpe tolongwe na yango, Nzambe Akolongola momekano.

Yakobo 1:13-14 elobi ete, "Tika te ete moto oyo amekami aloba ete, 'Nazali komekama na Nzambe. Mpo ete Nzambe Amekami na mabe te, Ye mpe Akomekaka moto te. Moto na moto akomekamaka mpo na kobendama mpe kolengolama na mposa mabe na ye moko."

Tina nini tokutanaka na ba pasi ezali mpo été tobendani na baposa mabe na biso mpe tobiki na Liloba na Nzambe te, nde bongo moyini zabolo akomemela biso mimekano.

Na mibale, na ba tango misusu tomekaka na kozala sembo kati na bomoi na bison a Bakristu, kasi tokobaka kaka na kokutana na mimekano. Ezali mitungisi na misala na Satana oyo bakomekaka kotungisa kondima na biso.

Soki tokomikweyisa kati na likambo oyo, minyokoli mikokobisama, mpe tokozala na makoki ten a kozwa mapamboli. Ba to misusu babungisaka mua moke na kondima na bango eye bazalaki na yango mpona kozongela mokili.

Ata bongo, makambo mana mibale mayaka mpo ete tozali

na kondima kati na biso. Boye, tosengeli na lombango kososola mabe kati na biso mpe kolongwa na yango. Tosengeli kobondela kati na kondima mpe kopesa matondi. Bongo, tokoka kolonga mimekano.

Kaka lolenge nyoka na Mose emelaki ba nyoka na ban ganga kisi, mokili na Satana ezali mpe nan se na nguya na Nzambe. Na tango Nzambe Abiangaki Mose mpona mbala na liboso, atalisaki elembo na kobongola lingenda na nyoka mpe kozongisa yango lisusu lingenda (Esode 4:4). Yango etalisi ete ata soki momekano eyei epai na bison a nzela na misala na Satana, soki totalisi kondima na bison a kotiela mpenza Nzambe motema, Nzambe Akozongisa biloko nioso na lolenge ezalaki.

Na bokeseni, soki tokomitika, yango ezali kondima te, mpe tokoki te kokutana na misala na Nzambe. Soki tokutani na mimekano, tosengeli komitika na mobimba epai na Nzambe mpe tomona mosala ana Nzambe kolongola momekano na nguya na Ye.

Makambo nioso mazali nan se na kokambama na Nzambe, ezala moke to mpe monene, kati na momekano na lolenge soko nini, soki tokomitika mobimba na maboko na Nzambe mpe totosi Liloba na Nzambe, momekano ekosala biso eloko moko te. Nzambe Ye moko Akosilisa likambo mpe Akokamba biso kati na bofuluki na makambo nioso.

Kasi eloko na motuya ezali ete, soki ezali bolozi moke, tokoki kozongela na pete, kasi mpona oyo etali bolozi monene, ezali pete te mpona kozongela na mobimba. Na bongo, tosengeli na tango nioso komitala biso mpenza elongo na Liloba na solo, kolongola mabe na lolenge nioso, mpe tobika kolandana na Liloba na Nzambe, mpo ete tokoka kokutana na ba bolozi moko te.

## Mimekano mpona Baton a Kondima Ezali Tina Mpona Lipamboli

kokamwisa. Ata ba oyo na kondima monene bakoki kokutana na mimekano. Ntoma Paulo, Abalayama, Daniele mpe baninga ba ye misato, mpe Yelemia bango nioso banyokwamaki na mimekano.

Ata Yesu Amekamaki na moyini zabolo na mbala misato.

Na bongo, momekano eye eyaka epai na ba oyo bazali na kondima ezalaka mapamboli. Soki bakosepela, bapesi matondi mpe bamitika mibimba na maboko na Nzambe, mimekano mikombongwana na mapamboli mpe bakoka kopesa nkembo epai na Nzambe.

Bongo ekokoka mpona ba oyo bazali na kondima mpona kokutana na mimekano mpo ete bakoki kozwa mapamboli na nzela na kolonga yango. Kasi, kasi bakotikalaka kokutana na bolozi te. Ba bolozi ekomelaka moto oyo azali kosala ba mbeba mpe malamu ten a miso na Nzambe.

Ndakisa, ntoma Paulo anyokolamaki mingi mpenza mpona Nkolo, kasi na nzela minyokoli azwaki nguya etombwama likolo na koleka mpe asalaki mosala na motuya mingi mpona Sango Malamu koteyama epai na Bokonzi na Baloma lokola aposolo na bapagano.

Daniele atikalaki komisangisa na mayele mabe eye bato mabe oyo bazalaki na likunia na ye bazalaki kosala. Atikalaki kokata kobondela te, kasi atambolaki kaka nzela na bosembo. Na suka, abwakamaki kati na libulu na ba nkosi, kasi mabe esalemalaki ye soko moke te. Apesaki lokumu makasi epai na Nzambe.

Yelemia alelaki mpe akebisaki baton a mpinzoli na miso na tango baton a ye bazalaki kosumuka liboso na Nzambe. Mpona oyo abetamaki mpe abwakamaki na boloko. Kasi ata na esika wapi Yelusaleme ekamatamaki na Nabukadanesala na Babilona mpe ebele na bato babomamaki mpe bakamatamaki bakangemi, Yelemia abikaka mpe mokonzi wana asalelaki ye bolamu.

Na kondima, Abalayama alekaki momekano na kobonza mwana na ye, Yisaka, mpo ete akoka kobengama moninga na Nzambe. Azwaki mpenza mapamboli oyo minene kati na molimo mpe na nzto nde ata mokonzi na bapagano ayambaki ye na lokumu.

Lolenge elimbolamaki, kati na makambo mingi, mimekano miyelaka biso mpona mabe tozalaka na yango, kasi ezali mpe na ba ndakisa na kokesana esika wapi basali na Nzambe bazwaka mimekano kati na kondima na bango. kasi suka na yango ezalaka lipamboli.

## Bolozi na Mbemba

Ata sima na mikolo sambo esika wapi main a Nile

embongwanaki makila, Falo ayeisaki motema na ye makasi. Mpo ete banganga kisi na ye mpe babongolaki main a makila, aboyaki kotika baton a Yisalele bakenda.

Lokola mokonzi na ekolo, Falo asengelaki kolandela bolamu te kati na bato ba ye ba oyo bazalaki konyokwama mpona kozanga mai, kasi atikalaki mpenza kolandela yango te, mpo ete motema na ye eyeisamaki makasi.

Likolo na motema oyo na Falo eyeisamaki makasi bolozi na mibale ebetamaki na Ejipito.

Ebale ekotonda na mbemba mpe ekobuta na ndako nay o mpe kati na eteni na kolala na yo mpe na likolo na mbeto nay o mpe kati na ndako na basali nay o mpe na baton a yo mpe na kati na matumbu nay o mpe kati na saaani na kobeta kwanga. Mbemba ekobuta nay o mpe na baton a yo mpe na basali na yo nioso (Esode 8:3-4).

Lolenge Nzambe Alobelaki Mose, na tango Alona asembolaki loboko na lingenda na ye likolo na main a Ejipito, ebele na kokoka kotange na ba mbemba babandaki kozipa mokili na Ejipito. Bongo, banganga Nzambe basalaki lolenge moko na soloka na bango nan kuku.

Longola Antartique ezali na ba lolenge koleka 400 na ba magorodo kati na mokili mobimba. Minene na bango mikokesanaka banda na cm 2.5 kino cm 30/

Bato misusu balika mbemba, kasi na momesano bato bakokamwaka to mpe bakoyokaka nkele na komona kaka mbemba. Miso na ba mbemba mizali lokola kobima libanda mpe bango bazalaka na mokila te. Makolo na bango milayi mizalaka nan se na yango lokola ndako na araigne mpe loposo na yango ezalaka tango nioso na mai. Makambo oyo nioso tolebeli ememaka bozangi koyoka malamu epai na bato.

Kaka moke na bango te, kasi ebele na ba mbemba bazipaki mokili mobimba. Bafandaki na ba mesa na kolia mpe bazalaki kopunjapunja kati na ba ndako na kolala mpe na likolo na ba mbeto. Bakokaki ata kokanisa likolo na kosepela na bilei te to mpe kopema malamu mpe na kimya.

## Spiritual Meaning of the Plague of Frogs
## Limbola na Molimo mpona Bolozi na Mbemba

Bongo nini limbola na molimo iye izwami kati na bolozi na mbemba?

Buku na emoniseli 16:3 ezali na koloba ete, "milimo na mbindo misato lokola mbemba." Mbemba izali moko na ba nyama na mbindo, mpe na molimo elakisi Satana.

Mbemba kokendaka epai na epai kati na ndako na mokonzi mpe ba ndako na basali ba ye mpe na baton a mboka elakisi ete bolozi oyo epesamaki na bato nioso na lolenge moko, kotala te ba lolenge na bango.

Lisusu, ba mbemba komataka likolo na ba mbeto elakisi ete ekozala na ba kokoso kati na mibali mpe basi.

Ndakisa, toloba ete mwasi azali mondimi na Nkolo kasi

mobali na ye azali te, mpe mobali azali na makango. Bongo, na tango bakokanga ye, akoluka na komilongola na liloba lokola ete, "Ezali mpo ete yo okendaka ndako na Nzambe tango nioso."

Soki mwasi andimeli mobali na ye, oyo apesi mbeba na egelesia mpona makambo na bango moko, mpe akeyi mosika na Nzambe, wana nde ezali likambo ememami na 'Satana kati na ndako na kolala.'

Bato bakokutanaka na bolozi na lolenge oyo mpo ete bazali na lolenge na mabe oyo. Bamonanaka lokola bazali bomoi malamu kati na kondima, kasi na lolenge bakokutana na mimekano, mitema na bango mikoninganaka. Kondima na bango mpe elikya na bango mpona Lola ikolimwa. Esengo mpe kimia na bango mpe lokola ikolimwa mpe bakobanga na kotala likambo liboso na bango.

Kasi soki solo bazali na elikya mpona Lola mpe bolingo mpona Nzambe, mpe soki bazali na kondima na solo, bakonyokwama te likolo na mikakatano miye bazali kolekela kati na mokili oyo. Bakolonga yango kutu mpe bakobanda kozwa mapamboli.

Ba mbemba bakotaki kino kati na matumbu mpe na ba nzungu na mapa. Ba nzungu na mapa etalisi mapa na bison a mikolo na mikolo, mpe matumbu lokola esika na bison a misala to mpe bisika na bombongo., to mpe ata na bilei na mokolo na mokolo, nde moto nioso akotiama kati na likambo na koyokisama moto pasi.

Kati na likambo na lolenge oyo, bato misusu bakokaka kolonga momekano ten a kokanisaka ete, "Mimekano miye mizali kokomela ngai likolo na bondimi na ngai mpona Yesu," nde wana bakozonga se na mokili. Ezali kolongwa na nzela na lobiko mpe na bomoi na seko.

Kasi soki bandimi été ba kokoso miyaki likolo na bango mpo été bazangaki kondima mpe na ba lolenge na mabe, nde bongo batubeli yango, Misala na mitungisi na Satana mikolongwa, mpe Nzambe Akosunga bango été balonga mikakatano.

Soki tozali solo na kondima, momekano moko te to mpe bolozi ikozala likambo mpona biso te. Ata soki tokoki kokutana na momekano, soki tokosepelaka, topesi matondi, mpe tosenjeli mpe tobondeli, makambo nioso makoki kosilisama.

Bongo Falo abingaki Mose mpe Alona mpe alobaki ete, 'Bondela YAWE ete Alongola mbemba na epai na ngai mpe na epai na baton a ngai, mpe nakotika bato kokenda kotumbela YAWE mbeka" (Esode 8:8).

Falo atunaki na Mose mpe na Alona ete balongola ba mbemba iye itondaki mboka mobimba meke. Na nzela na libondeli na Mose, ba mbemba bakufaki nioso na bandako, mokili, mpe na bilanga.

Bato batondisaki bango lokola ba ngomba, mpe mokili ekomaki na solo makasi. Sasaipi bazalaki na bopemi. Kasi na lolenge Falo amonaki bopemi, abongolaki makanisi na ye. Alakaki ete akotinda bana na Yisalele soki ba mbemba balongwamaki, kasi ye abongoli kaka makanisi na ye.

Nde emonaki Falo ete abikaki, ye ayeisaki motema na ye

makasi, mpe ayokaki bango te, lokola elobaki Yawe (Esode 8:15).

Koyeisa motema na ye makasi elakisi ete Falo azalaki mangongi. Ata na sima na ebele na misala na Nzambe, ayokelaki Mose te. Lokola kofutama. Bolozi mosusu epesamaki.

## Plague of Gnats Bolozi na Ngungu

Nzambe Alobelaki Mose na Esode 8:16 ete, "Bongo Yawe Alobelaki Mose ete, 'Sembola lingenda nay o mpe beta mputulu na mokili ete yango embongwana ngungi bipai nioso na mokili na Ejipito'"

Na tango Mose na Alona basalaki nini balobelaki bango, mputulu na mokili ikomaki ngungu likolo na mokili mobimba na Ejipito.

Ba nganga kisi bamekaki na soloka na bango nan kuku mpona bango kobimisa ba ngungu, kasi bakokaki te. Bayaki kososola ete ekokaki kosalema na nguya moko ten a bato mpe na lobelaki yango mokonzi.

Oyo ezali mosapi na Nzambe (Esode 8:19).

Kino sasaipi, banganga kisi bakokaki kosala eloko na lolenge moko lokola kobongola lingenda na nyoka, kobongola main a makila, mpe kobimisa ba mbemba. Kasi bakokaki lisusu kosala eloko na motindo yango soko moke te.

Sukasuka, basengelaki mpe kondima nguya na Nzambe oyo

ekomonisama na nzela na Mose. Kasi Falo akobaki na koyeisa motema na ye makasi mpe ayokaki Mose te.

## Spiritual Meaning of Plague of Gnats Limbola na Molimo mpona Bolozi na Ngungu

Na nkoto na Baebele 'Kinimi' elimbolami lokola 'sili, sombokila, to ngungi.' Ba nyama mike boye na momesano bazalaka mike mpe babikaka bisika na mbindo. Bakangamaka na nzoto na moto to mpe na ba nyama mpe bakomelaka bango makila. Ezalaka na ba ngungu b aba lolenge na ba lolenge koleka 3,300.

Na tango bakomelaka makila na nzoto na moto, ekokwanzaka Ekoki mpe komema infection na lolenge mosusu lokola fievre to mpe Titus.

Lelo, kati na ba mboka na bopeto tokoki na pete te komona bangungi, kasi ezalaka na ebele na ba nyama mike mike na lolenge oyo bakofandaka na nzoto na bato bazanga bopeto.

Bongo, nini mpenza ezali bolozi na ngungu?

Mputulu na mokili imbongwanaki na ba ngungi. Mputulu ezalaka eloko moke mpenza eye ekoki kofulama na mpema na biso. Monene na yango embongwanaka longwa na 3-4 µm (micrometer) kino 0.5 mm.

Kaka lolenge biloko na tina moko te lokola mputulu ikomaka ngungu na bomoi mpona komela makila mpe kopesa pasi mpe minyokoli. Bolozi na ngungu etalisaka esika wapi biloko mikemike eye ezali na likolo lokola eloko moko te, ekoki na ngonga moke kotelema mpe kokola na kokoma makambo minene mpona kopesa biso minyoko mpe pasi.

Na momesano, kokwannza ezalaki mpenza pasi moke koleka asi na ba bokono misusu, kasi eesaka kanda mingi. Lisusu, lolenge ngungu ibikaka na bisika na mbindo, bolozi na ba ngungu ikoyaka na esika wapi ezalaka na lolenge na mabe.

Ndakisa, moke na koswana kati na bandeko babali to pme kati na mobali pme mwasi ekoki komata kati na koswana makasi. Na tango bazali kolobela makambo mike eye esalemaka na kala, ekoki me kokoma etumba monene. Yango mpe ezali bolozi na ngungu.

Na tango mabe na lolenge oyo lokola likunia me zua kati na motema ekoli mona kokoma koyina, na tango moto azangi kokanga nkanda na ye me atombokeli moto mosusu. Na tango kokosa moke na moto ekoli ekokoma lokuta monene na komeka kobomba yango, ekokokisama na ba ndakisa na bolozi na ngungu.

There is a latent form of evil in the heart, then the person has afflictions in his heart. He may feel that a Christian life is difficult. A minor illness may come upon him. These things are also plagues of gnats. If we suddenly have fever or cold, or if we have little quarrels and problems, we should quickly look back on ourselves and repent.

Ezali na lolenge na mabe eye ebombana kati na motema, bongo moto akozala na koyoka asi kati na motema na ye. Akoki koyoka ete bomoi kati na Kristu ezalaka asi. Bokono moke ekoki koyela ye. Makambo mana mazali bolozi na ngungu. Soki na mbala moko tozali na fievre to na gri0pe, to soki tozali na mua makambo mike, tosengeli nokinoki komitala me kotubela.

Bongo yango elakisi nini ete ba ngungu bazalaki kati na ba nyama? Ba nyama bazali na bomoi nde na tango wana, motuya na ba nyama, elongo na mabele, ezalaki epimelo na kotala lolenge nini moto azalaki na nkita. Mokonzi, basali ba ye, na bato bazalaki na bilanga na vigno na kobokola ba ngombe.

Lelo, nini ezali nkita na biso? Kaka ba ndako te, mabele, bombongo to esika na mosala na biso kasi ata bandeko na libota bazali kati na nkita na biso. Ba nyama bazali bikelamo na bomoi, etalisi bandeko kati na libota ba oyo bazali kobika elongo.

Ngungu kozala kati na bato to ba nyama elakisi ete lolenge makambo mike makokola na kokoma minene, kaka na biso te kasi ata bandeko na biso lokola pe bakonyokwama na biso elongo.

Kati na Coree, ebele na bana mike banyokwamaka na malali na oso na nzoto. Yango ebandaka na moke na kokwanza nde na sima ekoanzana na nzoto moobimba na komekaka batofina ekotangaka na tango nzoto epasuki.

Kati na likambo makasi, baposo na bana misusu mikopasukaka longwa na moto kino makolo na bango mpo na kobanda kobimisa batofina. Na tango bapooso na bango ipasuki, ezipamaka na tofina mpe na makila.

Baboti, na tango bakomonaka bana na bango kati na likambo na lolenge oyo, bazokaka mpenza kati na motema mpo ete bakoka solo kosala eloko moko te mpo na bana na bango.

Lisusu, na tango baboti bazwaka kanda, bana na bango mike bakozwaka fievre na mbalakata. Kati na mingi na makambo bokono na bana mike ikoyaka na tango baboti basali mabe.

Kati na likambo oyo, soki baboti bakotala bomoi na bango mpe batubeli na kosala mosala na bango na baboti malamu te, na kozala na kimya na basusu te, mpe nioso ezalaki malamu ten a miso na Nzambe, muana akobika nokinoki.

Tokoki komona ete ezali mpe bolingo na Nzambe na kondima makambo na lolenge oyo masalema. Bolozi na ngungu makoyaka likolo na biso na tango tozali na ba lolenge na mabe. Nde bongo, bongo tosengeli te komona ata makambo mike lokola mbalakata kasi tosengeli koyeba ba lolenge na mabe kati na biso, me totubela noki noki mpe tolongwa na yango.

# Chapitre 4

## Bolozi na Nkangi, epai na bibwele, mpe na mpota

## Exodus 8:21- 9:11

"Yawe Asalaki mpe bongo.Nkangi bakotaki mingi na ndako na Falo mpe na ndako na basali na ye, mpe kati na mokili mobimba na Ejipito mokili ebebaki na ntina na nkangi" (8:24).

"Tala loboko na YAWE ekokwisa malali makasi likolo na bibwele na yo na elanga mpe na bambalata mpe na bampunda mpe na bakamela mpe na bitonga na bangombe mpe na bitonga na bampate.; Na mokolo na nsima YAWE Asalaki likambo oyo bibwele na Baejipito ikufaki, nde moko na bibwele na baton a Yisalele ikufaki te." (9:3, 6).

"Bongo bakamataki mputulu na moto na litumbu mpe batelemaki liboso na Falo mpe Mose abwakaki yango na epai na likolo, mpe yango ikomaki mbuma imbongwanaki mpota na bato mpe na nyama. Banganga bakokaki kotelema liboso na Mose ten a ntina na mbuma yango, mpo ete banganga mpe Baejipito nioso bazalaki na mbuma" (9:10-11).

Banganga na Ejipito bandimaki nguya na Nzambe sima na bango komona bolozi na ngungu. Kasi Falo akobaki na koyeisa motema na ye makasi mpe ye ayokaki Mose te. Nguya na Nzambe eye etalisamaki kino tango oyo ezalaki na kokoka mpona ye kondima Nzambe. Kasi ye amitikaki kaka na makasi na ye moko mpe na bokonzi mpe amimonaki ye mpenza Nzambe, mpe abangaki Nzambe te.

Bolozi ekobaki kasi ye atubelaki te kasi akobaki kaka na koyeisa motema na ye makasi na koleka. Bongo, bolozi elutaki lisusu mpe lokola. Kino na esika oyo esika wapi bazalaki na bolozi na ngungu, bakokaki kobika na mbala moko kaka soki batubelaka. Kasi na esika oyo ekomaki pasi na koleka mpona bango babika.

## Bolozi na nkangi

Mose akendaki epai na Falo na ntongontongo kolandisama na liloba na Nzambe. Lisusu apesaki sango na Nzambe mpo ete batika bato na Yisalele bakende.

YAWE Alobelaki Mose ete, "Longwa na ntongontongo mpe lambela Falo wana ekokenda ye na mai, mpe lobela ye ete, 'Yawe Alobi boye ete, "Tika baton a ngai bakenda kosalela ngai"'" (Esode 8:20).

Ata bongo Falo atikalaki koyokela Mose te. Yango ememaki bolozi na nkangi mpo ete ekitela bango, kaka na esika na Falo te mpe ba ndako na bakolo na ye, kasi mpe kati na mabele mobimba na Ejipito.

Mabele etondisamaki na ba nkangi.

Ba nkangi bakosalaka mabe. Bamemaka ba malali lokola typhoi, cholera, tuberculose, mpe malali na maba. Nkangi eye emonanaka na ba ndako ekoki kobota esika nioso, ata likolo na salite ekobimaka na nzoto mpe na ba fulu. Baliaka eloko nioso ezala salite na nzoto to mpe bilei. Kolekisa na bango bilei ezalaka noki mpenza mpe bakosumbaka sima na minite mitano nioso.

Ebele na ba organe na patogenie ikoki kotikala na ba nzoto na bato. Minoko na bango mpe makolo na bango izipama na mai iye mpe ememaka ba organe na pathogenie. Mizali moko na makambo minene mimemaka ba malali mikopesamaka.

Lelo, tozali na ebele na ba prevention mpe ba lobiko, mpe ezali na ebele na ba bokono te eye ekopesamaka na nkangi. Kasi na kala kala, soki malali na kopesama ebandaki, ebele na bato bazalaki kobungisa bomoi na bango. Lisusu, kolongwa na ba malali na kopesama, soki nkangi ifandi na bilei eye tokoliaka, ekozala pasi mpona kolia yango pamba te ikozala peto te.

Kaka moko to mpe mibale te, kasi ebele na nkangi bazipaki mokili mobimba na Ejipito. Boni pasi yango esengelaki na kozala mpona bato! Basengelaki na kobanga kaka na kotalaka likambo zingazinga na bango.

Mokili mobimba na Ejipito bayokaki pasi na nkangi. Yango elingi koloba ete botomboki kaka na Falo te kasi mpe na bato nioso kati na mokili na Ejipito ibandisamaki.

Kasi mpona kokesenisa malamu kati na baton a Yisalele mpe

na Baejipito, ezalaki na nkangi moko te motindamaki na mokili na Goshen esika wapi baton a Yisalele bazalaki kobika.

Bokende kotumba mbeka epai na Nzambe na bino kati na mokili (Esode 8:25).

Liboso na Nzambe kopesa bolozi na liboso, Apesaki bango Mitindo ete bakende kotumbela Ye mbeka na lisobe, kasi Falo ayebisaki bango ete bakende kotumba mbeka kati na mokili na Ejipito. Sasaipi, Mose aboyaki bosenga wana mpe ayebisaki ye ntina.

Ezali malamu te ete tosala bongo, mpo ete tokotumba mbeka epai na Nzambe na biso oyo ezali mabe na miso na Baejipito. Soki topesi mbeka na oyo ezali mbindo na miso na baton a Ejipito, bango bakobeta biso mabanga te? (Esode 8:26).

Mose akobaki na koloba ete bakokende kati na lisobe mona mikolo misato mpe bakolanda kaka mobeko na Nzambe. Falo azongisaki mpe ayebisaki ye ete bakende mosika mingi te mpe lisusu babondela mpona ye mpe lokola.

Mose alobelaki Falo ete nkagi ikolimwa na mbala moko na mokolo elandaki, mpe asengaki na ye ete azala sembo mpona maloba ma ye na kotika baton a Yisalele ete bakende.

Kasi sima na ba nkangi kologwa mpona libondeli na Mose, Falo abongolaki makanisi ma ye mpe abimisaki baton a Yisalele te. Na nzela na likambo oyo tokoki kososola boni kokosa mpe na mayele mabe azalaki. Tomonaka mpe mpo nini asengelaki kokoba na kokutana na ba bolozi.

## Limbola na molimo mpona bolozi na nkangi

Kaka lolenge iwutaka na bisika na bosoto mpe ikopesaka ba malali mabe, soki motema na moto ezali mabe, soki motema na moto ezali mabe mpe epetolama te, akoloba maloba mabe, mpe akosala ete ba bokono na lolenge na lolenge to mpe mikakatano miyela ye. Yango ezali bolozi na ba nkangi.

Bolozi na lolenge oyo, na tango yango eyaka, ekoyaka kaka likolo na moto te kasi mpe epai na mwasi na ye/mobali na ye mpe esika na mosala.

Matai 15:18-19 elobi ete, "Nde oyo ekobima na monoko euti na motema, yango nde ekobebisaka moto. Pamba te uta na motema ekobima makanisi mabe, liboomi koboma moto, ekobo, pite, boyibi, litatoli na lokuta, kotuka."

Eloko nioso ezali kati na motema na moto ekobimaka na nzela na bibebo. Longwa na motema malamu, maloba malamu makobimaka, kasi longwa na motema na mbindo, maloba na mabe makobimaka. Soki tozali na bozangi solo mpe mayele mabe, mpe koyina mpe nkanda, maloba na ba lolenge wana mpe misala mikobima.

Kotuka, kosambisa, kokatela mabe, mpe kolakela mabe nioso makowutaka na mitema mabe mpe na mbindo. Yango tina Matai 15:11 elobi ete, "Yango ekoingela na monoko ekobebisa moto te kasi oyo ekobima na monoko, yango wana ekobebisa moto."

Ata bapagano bakolobaka makambo lokola ete, "Maloba makokweyaka lokola ba nkona," to "Na tango mai masopani, makoki lisusu kozongisama te."

Bokoki kaka kolongola maloba elobaki bino te. Mingi mingi ba bomoi na Mokristu, litatoli na bibebo mizalaka na motuya mingi. Kolandana na maloba na lolenge nini boolobaki, mizala malamu to mpe malamu te, ikoki kozala na bokeseni na lifuti kati na bino.

Soki tozali na grippe na bato nioso to mpe malali na kopesama, yango ezwami kati na molongo na bolozi na ngungu, tokosengela na kokutana na lifuti na yango.

Na boye, soki tozwani na bolozi na nkangi, tosengeli na kotala sima mpe kotubela makasi mpona maloba mabe mpe makambo na lolenge wana. Kaka sima na biso kotubela nde likambo ikoka kosila.

Kati na Biblia tokoki kokutana na bato oyo bazwaki lifuti mpona maloba na bango mabe. Ezalaki bongo mpona Mikala mwana mwasi na Saulo mpe mwasi na Mokonzi Dawidi. Kati na 2 Samuele cahapitre 6, na tango Sanduku na Mibeko na YAWE Nzambe ezongisamaki na mboka na Dawidi, Dawidi azalaki mpenza na esengo mpe abinaki liboso na bato nioso.

Sanduku na Mibeko na YAWE ezalaki elembo na bozali na Nzambe. Ekamatamaki epai na Bafilisitia na tango Basambisi kasi yango ezongaki. Ekokaki te kofanda kati na ndako na Nzambe te mpe na tango moke ezalaki na Kiliata-yelaimi mpona ba mbula ntuku mibale. Sima na Dawidi kozwa ngende na mboka, azalaki na makoki na komema Sanduku na ndako na Nzambe na Yelusalleme. Azalaki mpenza na esengo.

Bongo kaka Dawidi te, kasi bato nioso kati na Yisalele basepelaki mpe basanjolaki Nzambe. Kasi Mikala, oyo asengelaki kosepela elongo na mobali na ye, atalaki mokonzi na nse, mpe akitisaki ye.

Dawidi azongaki na ndako nay ye. Mpe Mikala mwana na Saulo abimaki kozuana na Dawidi, ye ete, "Mokonzi na Yisalele azalaki na nkembo boni lelo! Ye oyo amimonisi na miso na basi na baumbo na ye lokola moto na mpamba akomimonisa nde koyoka nsoni te! (2 Samuele 6:20)

Bongo, Dawidi azongisaki nini?

Ezalaki liboso na YAWE YE oyo Aponaki ngai liboso na tata nay o mpe liboso na libota na ye mobimba ete abongisa ngai mokonzi likolo na baton a YAWE, Likolo na Yisalele; boye nakobina liboso na YAWE.Ata nakotiolama koleka oyo, mpe nakokoma mabe na miso na ngai moko nde eppai na basi oyo baoyo otangi bango nkombo, nakokumisama (2 Samuele 6:21-22).

Mpona Mikala kobimisa maloba na mabe boye, ye azalaki na mwana te kino mokolo na kufa na ye.

Na lolenge oyo, bato basalaka masumu mingi mpenza na bibebo na bango, kasi basosolaka at ate ete maloba na bango mazali masumu. Likolo na masumu na bibebo na bango, lifuti na masumu ekokoma na esika na bango na mosala, na bombongo, mpe mabota, kasi bango basosolaka at ate mpo nini. Nzambe

Alobelaka biso likolo na motuya na maloba.

Lisumu na bibebo ezali lilonga na moto mabe; nde moyengebeni akolongwa na mikakatano. Moto atondi na malamu mpo na mbuma na bibebu na ye; litomba na maboko na moto ekopesamela ye (Masese 12:13-14).

Moto akolia malamu na mbuma na monoko na ye; nde molimo na baton a masumu ekolia yauli.
Ye oyo akobatela monoko na ye akobikisa molimo na ye; ye oyo akozipola bibebu na ye akobebisama nye (Masese 13:2-3).
Kufa mpe bomoi izali na ngiya na lolemo; baoyo balingi yango bakolia mbuma na yango (Masese 18:21).
Tosengeli kososola litomba na lolenge nini maloba mabe na bibebo na biso makomemaka, mpo ete tokoka kaka koloba maloba malamu, maloba malamu mpe kitoko, maloba na boyengebene mpe na pole, mpe matatoli na kondima.

## Bolozi epai na bibwele

Ata sima na konyokwama na bolozi na nkangi, Falo akobaki na koyeisa motema na ye makasi mpe aboyaki kotika baton a Yisalele bakende. Bongo, Nzambe Andimaki bolozi epai na bibwele esalema.

Na tango oyo mpe, Nzambe Atindaki Mose liboso na Ye kotinda bolozi. Atindaki Mose ete apesa mokano na Ye.

Mpo ete soko okoboya kotika bango mpe okangi bango naino, tala, 'loboko na YAWE ekokweisa malali makasi likolo na bibwele nay o na elanga mpe na bambalata mpe na bampunda mpe na bakamela mpe na bitonga na bangombe na bangombe mpe na bitonga na bampate. YAWE nde Akokabola kati na bibwele na Yisalele mpe bibwele na Ejipito, boye eloko moko na baton a Yisalele ekokufa te.

Mpona kokosolisa bango ete ezalaki likambo na mbalakata te kasi bolozi ememamaki na nguya na Nzambe, Atiaki ntango na koloba ete, "Lobi YAWE Akosala likambo na lolenge oyo na mokili." Na lolenge oyo Akobaki na kopesa bangoo libbaku malamu mpo ete batubela.

Soki andimaka nguya na Nzambe ata mmoke, Falo alingaki kobongola makanisi ma ye mpe alingaki konyokwama na bolozi mosusu te.

Kasii ye abongolaki makannisi na ye te. Lokola lifutii, bolozi epai na ba nyama ekitelaki bango, mpe ba nyama bazalaki nna elanga- ba mpunda, bba mballata, bakamela, bitonga na bangombe, mpe na bampate ikufaki.

Na bokeseni, ata moko na ba nyama na batoo na Yisalele bakufaki te. Nzambe Atikaki bbangoo ete basosola ete Nzambe Azali na bomoi mpe Akokisaka maloba na YYe. Falo ayebaki likambo oyo mallamu mingi kasi akkobaki na koyeisa motema na ye libanga mpe abongolaki makanisi na ye te.

## Limbola na Molimo mpona Bolozi epai na Banyama

Boloozi epai na ba nyama ezalaka bokono oyo epanzanaka nokinoki mpe ekobomaka ebele na bato mpe na ba nyama. Ssaipi, ba nyama nioso na Ejipito bakufaki, mpe tokoki kobanza boni kobebisa yango ememaki.

Ndakisa, Kufa Moindo to Bolozi na Bubonic, oyo epanzanaki na Europa kati na ba mbula na mikama ntuku na minei, ezalaki solo bokono oyo ezalaki na ba nyama lokola ba ecureil to ba mpuku. Kasi apanzannaki epai na baton a nzela na ba ngungu na kopesa kufa ebele.

Mpo ete ezalaki mpenza na kopesama minngi mpe mayele na minganga ezalaki mpenza na kokola te, ememaki ebele na bomoi na bato.

Ba nyama lokola bitonga na bangoombe mpe bampunda, mpe bitonga na bampate mpe ba ntaba bazalaki eteni monenne na nkita na bato. Bongoo, bibwele mitalisaki bozwi na Falo, bakonzi na ye, mmpe na bato. Ba nyama bazali bikelamo na bomoi, mpe na lolenge na lelo, etalisi mabota na biso, baninga na mosala mpe baninga ba oyo bafandaka na biso elongoo kati na bandako na biso, bisika na mosala, to bombongo.

Tina na bolozi epai na banyama na Ejipito ezalaki motema mabe na Falo. Bongo, limbola na molimo na bolozi epai na ba nyama ezali ete ba bokono ekoya likolo na mabota na biso soki tokomatisa mabe mpe Nzambe Akolongolela biso elongi na Ye.

Ndakisa, na tango baboti bakoboya kotosa Nzambe, bana na bango na bolingo bakoki kozwa bokono oyo ekozala pasi mpona kobikisa. To mpe, likolo na motema mabe na mobali, mwasi akoki kozwa malali. Na tango bolozi na lolenge oyo ekomeli biso, kaka biso ten de tosengeli kotala sima kkati na biso moko kasi mpe libota mobimba basengeli kotubela elongo.

Longwa na Esode 20:4 kino nan se, elobi ete lifuti na koonngumbamela bikeko ekokita kino na mabota na misato kino na minei.

Ya solo, Nzambe na bolingo akopesa kaka etumbu na makambo nioso te. Soki bana bazali na motema makasi, bandimeli Nzambe mpe babiki kolandana na kondima, bakokutana na bolozi moko te likolo na masumu na baboti na bango.

Kasi soki bana bakobakisaka mabe likolo na mabe oyo bakitanaki na yango epai na baboti na bango, bakofuta etummbu na masumu. Kati na mingi na makambo, bana oyo babotami na mabota oyo bazali kongumbamela bikeko mingi mpenza babotamaka mingi na bokakatani to mpe na kokoso kati na bongo.

Bato misusu bazalaka na kisi na ngenge eye efandisama na efelo na ndako na bango. Basusu bakongumbamela ekeko na Buddha. Ata basusu kakotia ba nkoombo na bango kati na ba temmpelo na Buddha. Kati na makamboo na kongumbamela bikeko makasi, ata sooki bango moko bakoki konyokwama na bolozi te, bana na bango bakozala na bakokoso.

Na bongo, baboti basengeli tango niioso kofanda kati na solo mpo ete masumu na bango ekita epai na bakitani na bango te. Soki moto nani kkati na libota azwi bokono pasi na kobikisa, basengeli kotala soki esalemaki likolo na masumu na bango te.

## Bolozi na Mpota

Falo atalaki kufa na ba nyama na Ejipito, mpe atindaki moto mpona kotala eloko nini ezalaki kosalema kati na mokili na Gosen esika wapi baton a Yisalele bazalaki kofanda. Na bokeseni na esika nioso na Ejipito ata nyama moko akufaki na Gosen te.

Ata sima na komona misala na Nzambe na kobetela ntembe te, Falo atikalaki na kolongwa te.

Falo mpe atindaki mpe tala, ebwele moko na Bayisalele ekufaki te. Kasi motema na Falo eyeisemaki makasi, mpe ye atikaki bato yango kookende te (Esode 9:7).

Na suka Nzambe Ayebisaki na Mose na Alona bazwa ndambo na mputulu na moto na litumbu, mpe Mose abwaka yango na epai na likolo liboso na Falo. Lokola basalaki lolenge Nzambe Alobelaki bango, ekomaki mbuma na mpota kobima na loposo na bato mpe na ba nyama.

Mbuma ezali kovimba na pasi na loposo na nzoto eye ebandaka na tango infection na suki kati na poso na nzoto, katikati na yango izalaka makasi, mpe ekobimisaka ba tofina.

Kati na likambo makasi, moto akoki kozwa lipase. Ba mbuma misusu mizalaka na cm 10 na koleka. Ikovimbaka mpe ikomemaka fievre na koleka mpe bolembu, mpe bato misusu bakokaka ata kotambola malamu te. Ezali mpenza eloko na pasi mingi.

Mbuma oyo izalaki epai na bato mpe epai na ba nyama, mpe ata banganga kisi bakokaki kotelema liboso na Mose te likolo na ba mbuma na mpota.

Mpona oyo etali bolozi likolo na ba nyama, kaka ba nyama nde bakufaki. Kasi mpona ba mbuma kaka nyama te kasi mpe bato basengelaki konyokwama.

## Limbola na Molimo mpona Bolozi na Mpota

Bolozi epai na ba nyama ezali bokono na komonana libanda na tango eloko na kati na nzoto ekomi makasi.

Ndakisa, moke na cellule na Cancer ekokoma monene mpe na suka, ekotalisama na libanda. Ezali lolenge moko na bokono celebral mpe na paralisie, malali na tolo, mpe SIDA.

Ba Bokono na lolenge oyo ikomonana epai na bato oyo bazalaka na bizaleli na mangongi. Ikoki kozala na bokeseni na likambo na likambo, kasi mingi kati na bango bazalaka na motemma mokuse, na lolendo, balimbisaka basusu te mpe bakanisaka ete bango moko baleki. Lisusu, bakobetisaka sete na makanisi na bango moko mpe babwakisaka basusu. Ezali nioso mpona bozangi na bolingo. Bolozi eyaka likolo na makambo mana nioso.

Tango mosusu tokoki na komituna, « Amonanaka malamu

mingi, kasi mpo nini azali konyokwama na bokono na lolenge oyo? » Kasi ata ete moto akoki komonana na bopolo na libanda, akoki kozala solo bongo ten a miso na Nzambe. Soki ye moko azali mangongi te, esengeli solo kozala mpona masumu minene esalemaki na bakoko na ye (Esode 20:5).

Na tango bolozi eyei likolo na ndeko na libota, likambo ekosila na tango bandeko nioso na libota bakotubela elongo. Na nzela na oyo, soki bakomi libota na kimia mmpe kitoko, ikokoma lipamboli mpona bango.

Nzambe Akonzaka bomoi, kufa, libaku malamu, mpe libaku mabe na bato kati na bosembo na Ye. Bongo, bolozi mpe likama moko te ekoyaka na ntina moko te (Dutelonome 28).

Lisusu, na tango bana bazali konyokwama likolo na masumu na batoti na bango to bakoko, ntina mpenza na yango ezali kati na bana bango moko. Ata soki baboti bangumbamelaki bikeko. Soki bana babikaki kolandana na Liloba na Nzambe, Nzambe Azobatela bango, bongo bolozi ekokomela bango te.

Lifuti mpona masumu na kongumbamela bikeko na bakoko to oyo na baboti ekokitela bana mpo ete bana bango moko bango moko bazali kobika na Liloba na Nzambe te. Soki bazali kobika kati na solo, Nzambe na sembo Akobatela bango, bongo likambo moko ekozala te.

Mpo ete Nzambe Azali bolingo, amonaka molimo moko na motuya koleka mokili mobimba. Alingi moto moko na moko akoma na lobiko, abika kati na solo, mpe alonga etumba kati na bomoi na ye.

Nzambe Andimelaka biso bolozi mpona komema biso kati na libebi te kasi mpona komema bison a kotubela na masumu na biso mpe tolongwa na yango, nde wana ikoki kosilisama na pete.

Kasi bolozi na makila, mbemba, mpe na ngungu misalemaka mpona misala na Satana, mpe mizalaka makasi te. Nde soki totubeli mpe tolongwe, mikoka kosilisama na pete mpenza.

Kasi bolozi na nkangi, epai na bibwele, mpe mpota mizali makasi koleka, mpe na mbala moko basimbaka ba nzoto na biso.

Bongo kati na makambo oyo, tosengeli kopasola mitema na biso mpe totubela mpenza mpenza.

Soki tozali konyokwama na ata moko na ba bolozi oyo, tosengeli te kopamela moto mosusu. Kutu tosengeli kozala na bwanya na kokoka mpo na komitala biso moko na Liloba na Nzambe mpe totubela na nini ezalaki malamu te na miso na Nzambe.

## Chapitre 5

# Bolozi na Matandala mpe Bolozi na Mayoyo

## Esode 9:23-10:20

Mose asembolaki lingenda na ye na epai na likolo, mpe YAWE Atindaki ba nkake mpe matandala mpe moto ekitaki na mokili. Mpe YAWE Anokisaki matandala likolo na mokili na Ejipito. Matandala mazalaki mpe moto egengaki ntango nioso kati na matandala. Matandala makasi mingi, lokola ezalaki liboso kati na mokili na Ejipito te longwa na ntango ekomaki yango libota (Esode 9:23-24).

Bongo Mose asembolaki lingenda na ye na likolo na mokili na Ejipito, mpe YAWE Ayeisaki mopepe molongwaki na kobima na ntango motambolaki na mokili na moi yango mobimba mpe mpe butu yango mobimba. Na ntongo mopepe molongwaki kobima na ntango moyaki na mayoyo. Mayoyo makomaki bipai nioso na mokili na Ejipito mpe makitaki likolo na mokili mobimba na Ejipito. Ebele na monene boye na mayoyo ezalaki liboso te mpe ekozala lisusu te lokola (10:13-14).

Baboti oyo balingaka solo bana na bango bakoboya kopesa bango liteyo te to mpe kobeta bana na bango. Ezali mposa na baboti ete batambwisa bana na bango kati na kosala nini ezali sembo.

Na tango bana bazali koyoka ten a kopamelama na baboti na bango, na tango misusu basengelaka kosalela fimbo mpo ete bana babatela yango kati na makanisi na bango. Kasi pasi kati na motema na baboti eleki makasi likolo na pasi na nzoto na bana.

Nzambbe na bolingo na tango mosusu Abalolaka elongi na Ye mpona kondimela bolozi to ba mikakatano mpo ete ban aba Ye na bolingo bakoka kotubela mpe balongwa na yango.

## Bolozi na Mayoyo

Nzambe Akokaki kotinda bolozi monene kaka na ebandeli mpona kokitisa Falo. Kasi Nzambe Azalaka na kokanga motema; Azalaka na molende mpona tango molai. Atalisaki nguya na Ye, mpe Atambwisaki Falo mpe na baton a ye ete bandima Nzambe, kobanda na bolozi na moke.

 Mpo ete nakokaki kotinda loboko na Ngai mpe kobeta yo mpe baton a yon a likama ete bakufa nioso na mokili. Nde Natiki yon a ntina boye ete natalisa yo nguya na Ngai, ete nkombo na Ngai esakolama bipai nioso na molongo.Ozali naino kotelemela baton a Ngai ete bakenda te. Tala lobi nan tango boye Nakonokisa matandala makasi, lokola ekweyaki liboso na mokili na Ejipito te longwa na ebandeli na mokili kino lelo oyo (Esode

9:15-18).

Ba bolozi ikobaki na komata se komata, kasi Falo akobaki na komimatisa ye mpenza likolo na Bato na Yisalele na koboya kotika bango bakende. Sasaipi, Nzambe Andimaki bolozi na sambo bolozi na matandala.

Nzambe Atikaki Falo ayeba ete ekozala na matandala makasi mpenza oyo etikala komonana na Ejipito te longwa mokolo na bozali na yango. Mpe Nzambe Apesaki libaku malamu mpo ete banyama kati na elanga bakoka na kobatama na ebombelo. Asilaki kokebisa bango ete, soki moto to mpe nyama atikalaki libanda akokufa likolo na matandala.

Basali basusu na Falo babangaki Liloba na NKOLO mpe bamemaki basali na bango elongo na bibwele kozwa libiki kati na ba ndako. Kasi mingi babangaki naino Liloba na Nzambe te mpe bakipaki te.

Nde bango batiolaki monoko na YAWE batikaki baumbo na bango mpe bibwele na bango na elanga (Esode 9:21).

Mokolo elandaki Mose asembolaki lingenda na ye epai na likolo, mpe Nzambe Atindaki nkake mpe matandala. Moto ikitaki na mokili. Solo ekokaki kobebisa bato, ba nyama, ba nzete mpe ba ndunda kati na elanga, boni monenen bolozi yango ezalaki!

Kasi Esode 9:31-32 elobi ete, "Tukia mpe loso ibebaki mpo ete loso ebandandaki kobota mpe tukia ezalaki kobimisa fololo. Nde masango mpe sogba ibebaki te mpo ete yango yango ibimaki na nsima." Bongo kobeba ezalaki na ndambo.

Mokili mobimba na Ejipito enyokwamaki kobeba makasi

likolo na matandala na moto, kasi eloko moko ten a lolenge wana esalemaki na mokili na Gosen.

## Limbola na Molimo na Bolozi na Matandala

Na momesano, matandala ikweyaka na kolaka te. Emesana na kokweya na esika na monene te mpe mingi mingi na esika na moke.

Bongo bolozi na matandala etalisaka makambo minene kosalemaka na ngambo moko, kasi kati na nioso te. Ezalaki na matandala elongo na moto mpona koboma bato mpe ba nyama.

Ba ndunda kati na bilanga mibebaki, mpe bilei mizalaki te. Yango ezalaki likambo na kozala na kobebisama monene kati na misolo na moto likolo na likama eye akanaki te.

Moto akoki kokutana na kobungisa monene likolo na moto kati na esika na mosala to mpe na bombongo. Moko kati na libota na moto akoki kozala na bokono makasi to kokota kati na likama na nzela mpe yango ekoki komema motuya monene na misolo mpona kobikisa ye.

Ndakisa, tolobela moto oyo azalaki sembo mingi epai na Nkolo, kasi abandaki komipesa makasi na bombongo na ye mingi mpenza nde abandi ata kozanga mayangani na eyenga na mbala na mbala. Na sima akosuka na kozangaka kobatela mokolo na Nkolo soko moke te.

Likolo na oyo, Nzambe Akoka lisusu kobatela ye te, mpe akokutana na likambo monene kati na bombongo na ye. Akoki mpe kokutana na likama akanaki te to bokono, mpe ekobimisa ye misolo mingi mpenza. Makambo na lolenge oyo izali lokola bolozi na matandala.

Mingi na bato batalaka misolo na bango na motuya lokola bomoi na bango moko. Kati na 1 Timote 6 :10 elobi été, bolingo na mbomgo ezali mosisa na mabe nioso. Ezali mpo été mposa na mbongo ekomemaka na koboma, moyibi, kokangama na mabe, konyokola, mpe ebele na makambo mabe. Na ba tango misusu, boyokani kati na bandeko babali ikosila, mpe koswana ekobanda kati na bazalani likolo na mbongo. Mingi na kowelana kati na ba mboka ezalaka lifuti na biloko, mpo été bazali koluka mabele mpe biloko kati na yango.

Ata bandimi misusu bakoki te kolonga momekano na mbongo, bongo bakobatelaka mokolo na Nkolo bulee te, to bakopesaka moko na zomi esengela te. Mpo été bazali kobatela bomoi kati na Kristu na malonga te, bakomi mosika mingi na lobiko.

Kaka lolenge matandala ekobebisaka mingi na bilei, bolozi na matandala elakisi kobeba makasi kati na misolo na bato yango oyo emonani na motuya lokola boomoi na bango moko. Kasi, lokola matandala ekweyaka kaka na bisika moko, bango bakobungisa nkita na bango nioso te.

Na nzela na likambo oyo, tokoka koyoka bolingo na Nzambe mpe lokola. Soki tokobungisa misolo na biso nioso, nioso oyo tozali na yango, bongo tokoka ata kotika mpe ata tomiboma. Yango ntina Nzambe Asimbaka kaka ndambo.

Ata soki ezali kaka eteni, monene na yango ezali makasi mpe na bolakisi makasi mpo ete tokoka kokoma na bososoli. Mingi mingi, matandala oyo ikweyaki na Ejipito izalaki kaka eteni moke ten a libanga na malili. Ezalaki mua monene, mpe mbangu na yango ezalaki nokinoki mpenza.

Ata lelo ba sango etalisaka ete matandala monene lokola mbuma na goolf ememaki kokamwa mpe bongo epai na ebele na bato. Matandala oyo ikweyaki na Ejipito esalemaki na mosala na nkamwa na Nzambe, mpe ekweyaki mpe na moto. Ezalaki likambo na kobangisa mpenza.

Bolozi na matandala eyaki likolo na bango mpo ete Falo abakisaki mabe likolo na mabe. Soki tozali na mitema makasi mpe na mangongi, tokoki mpe kokutana na bolozi na lolenge moko.

## Bolozi na Mayoyo

Ba nzete mpe ba ndunda mabebaki, mpe ba nyama mpe ata bato bakufaki likolo na matandala. Falo sukasuka andimaki mbeba na ye.

Falo atindaki kobianga Mose mpe Alona mpe alobelaki bango ete, 'Na mbala oyo ngai nasali lisumu. YAWE Alongi mpe ngai elongo na baton a ngai tokiti" (Esode 9:27).

Falo atubelaki na lolenge na mbangumbangu mpe atunaki Mose na kotika matandala.

Bondela YAWE mpo ete nkake oyo mpe matandala oyo

masila kkokita. Nakotinda bino kokenda, bokoumela lisusu te (Esode 9:28).

Mose ayebaki ete Falo ambongwanaki naino makanisi ma ye te, kasi mpona kososolisa ye mpona Nzambe na bomoi mpe ete mokili mobimba izalaki na loboko na Ye, atombolaki maboko ma ye na likolo epai na lola.

Kaka lolenge mose azalaki kozela, na tango mbula, ba nkake, mpe matandala matikaki, Falo abongolaki makanisi naye. Mpo ete abalukaki longwa nan se na motema na ye te, ayeisaki lisusu motema na ye makasi mpe atikaki bana na Yisalele bakende te.

Basali na Falo bayeisaki mpe mitema na bango makasi mpe lokola.

Bongo Mose mmpe Alona bayebisaki bango ete ekozala na bolozi na mayoyo lokola elobaki Nzambe, mpe bakebisaki bango ete ekozala moko na ba bolozi ileki monene eye etikala kozala liboso te kati na mokili.

Mpe ikozipa likolo na mokili ete moto akoka kotala mabele te (Esode 10:5).

Kaka wana nde basali na Falo bazwaki bobangi mpe balobelaki na mokonzi ete, "Tika bato yango kokenda ete basallela YAWE Nzambe na bango. Naino ososoli te ete Ejipito ebebi?"

Na maloba na basali na ye, Falo abengisaki lisusu Mose mpe Alona. Kasi Mose alobaki ete bakookende elongo na bilenge na bango mpe bakolo na bango; elongo na bana babali na bango mpe na bana basin a bango, elongo na bitonga na bango na bam pate mpe na bangombe, mpo ete basengeli kosala elambo mpona YAWE. Falo alobaki été Mose mpe Alona bazalaki mabe nde abenganaki bango libanda.

Bongoo YAWE Alobelaki Mose ete, 'Sembola lobooko nay o likolo na mokili na Ejipito mpo na koyeisa mayoyo ete ikoma likolo na mokili na Ejipito mpe ete elia ndanda nioso na mokili mobimba, nioso itikami na matandala" (Esode 10:12).

.Na tango Mose asalaki nini Nzambe Alobaki, Nzambe Atindaki mopepe na ebimmelo nan tango likolo na mokili na mokolo yango mobimba mpe butu mobimba; mpe na tango tongo etanaki, mopepe na ebimelo nan tango ememaki mayoyo.

Mayoyo mizalaki mpenza mingi ete mokili mokomaki molili. Miliaki ndunda nioso na Ejipito eye matandallli itikaki, mpe kati na Ejipitoo eloko na langii na main a pondu ezalaki lisusu te.

Ngai nasali lisumu epai na YAWE NZambe na bino mpe epai na bino. Na bongo nabondeli bino ete bolimbisa lisumu na ngai bobele mbala oyo, mpe bondela Nzambe na bino bobele ete Alongola kufa oyo na ngai. (Esode 10:16-17).

Na tango mitungisi na ye misosolamaki, Falo abengisaki nokinoki Mose mpe Alona mpona kosala lisenga na kotikisa bolozi. Na tango Mose abimaki mpe abondelaki epai na Nzambe, ezalaki na mopepe makasi na ekotelo nan tango mpe yango ememaki mayoyo nioso kati na Mai na Monana Motane. Mpe mayoyo moko te etikalaki kati na mokili na Ejipito. Kasi ata na mbala oyo, Falo ayeisaki motema na ye makasi mpe abimisaki bana na Yisalele te.

## Limbola na Molimo Mpona Bolozi na Mayoyo

Liyoyo moko azali kaka mua nyama moke, kasi na tango ikotammbolaka na etuluku monene, yango ekobebisaka mpenza. Na ngonga moko, Ejipito elingaki kobebisama na ba mayoyo.

Mayoyo mayaki bipai nioso na mokili na Ejipito mpe makitaki likolo na mokili mobimba na Ejipito. Ebele monene boye na mayoyo ezalaki liboso te mpe ekozala lisusu te lokola, mpo ete mazipaki likolo na mokili yango mobimba, na motindo ete mokili eyindaki, maliaki ndunda nioso na mokili mpe mbuma nioso na nzete yango matandala matikaki.. eloko mobeso moko te motikalaki, njete te, mpe ndunda na elanga te lokola, bipai nioso na mokili na Ejipito (Esode 10:14-15).

Ata na lelo, tokoki komona makambo na lolenge yango na Africa to mpe na India. Mayoyo bakopalangana kino na km 40 na monene na mboka mpe na km 8 na mozindo. Ba mikama na ba milio na bango ikoyaka lokola lipata mpe ikoliaka kaka ba mbuma te kasi mpe ba ndunda nioso mpe matiti; batikaka mobeso moko ten a sima.

Sima na bolozi na matandala, etikalaki na mua moke na biloko matikalaki. Tukia mpe loso yango ebebaki te, mpo ete yango ekotelaka na sima. Lisusu, basali misusu na Falo ba oyo bazalaki kobanga Liloba na Nzambe bamemaki baumbo na bango mpe bibwele na bango kokota kati na ba ndako, mpe bango babebisamaki te.

Mayoyo bakoki komonana lokola ebele mingi te, kasi

kobebisa ezali mingi koleka oyo na bolozi na matandala. Baliaki ata biloko nioso mitikalaki.

Na bongo, bolozi na mayoyo ezali lokola bolozi oyo etikaka eloko moko ten a sima, na komemaka nkita nioso na moto mpe biloko na moto. Ikobebisaka kaka libota te kasi mpe esika na mosala mpe na bombongo.

Na bokeseni na boolozi na matandala eye ekobebisaka kaka ndambo, bolozi na mayoyo yango ekobebisaka nioso mpe ekomemaka misolo nioso. Na maloba misusu, moto akosilaka mpenza na misolo na ye.

Ndakisa, likolo na kokweya, moto akobungisa misolo na ye nioso mpe asengeli kokabolama na bandeko na libota na ye mobimba. Moto akoki mpe konyokwama na bokono oyo eumeli mpenza mpe abungisi misolo na ye nioso. Ekoki mpe kozala na mosusu oyo ayei kokoma na ba niongo minene mpo ete bana na ye bakendaki nzela mabe.

Na tango bazali kokutana na makama makasi nakokoba bato misusu bakokanisaka ete ekoki kozala kaka na mbalakata, kasi ezalaka na mbalakata ten a miso na Nzambe. Na tango moto akutani na likama to mpe azwi bokono, esengeli kozala na ntina.

Nini yango elakisi soki bandimi bakutani na makama na ba lolenge oyo? Na tango bazali koyoka maloba na Nzambe mpe bayei koyeba mokano na Nzambe, bakobi na kosala mabe lolenge na bapagano, bakoka te kokima ba bolozi yango.

Soki ba sosoli ten a tango Nzambe Azali kotalisa bango mua bilembo na mbala na mbala, Nzambe Akobalusela bango elongi na Ye. Bongo, bokono ekoki kobanda na nzela na bolozi na epai na ba nyama, to mpe mbuma ekoki kokoma pota. Na sima, Bakokutana na bolozi lokola oyo na matandala to mayoyo.

Kasi ba oyo na bwanya bakososola ete ezali bolingo na Nzambe eye ezali kondimela bango ete basosolaba mbeba na bango na tango bakutani na makama mike. Bakotubela nokinoki mpe bakokima bolozi minene.

Ezali na lisituale na solo na bomoi. Moto moko anyokwamaki na kokoso makasi mpo ete amemaka kanda na Nzambe. Mokolo moko, likolo na moto, ayaki kozwa ba nyongo ebele. Mwasi na ye akokaki lisusu te kokanga mitungisi na bapesi ba nyongo mpe amekaki komiboma. Sima na tango, bayaki koyeba Nzambe mpe kokende na egelesia.

Sima na bango kozwa toli na ngai, batosaki Liloba na Nzambe na mabondeli. Basepelisaki Nzambe na kosalaka misala na komikaba kati na egelesia. Bongo makambo na bango masilaki moko na moko, mpe basengelaki na konyokwama na bapesi nioso soko te.

Lisusu, bafutaki ba nyongo na bango nioso. Bakokaki ata kotonga ndako monene molai na bombongo mpe basomba ndako na bango moko.

Sima na minyoko na bango nioso kosila mpe bazwaki mapamboli, kasi nde, bayaki kobongola mitema na bango. Babwakaki ngolu na Nzambe mpe bakomaki lisusu lokola bapagano.

Mokolo moko, eteni na ndako molai monene mobali azalaki na yango ekweyaki likolo na mpela. Lisusu ezalaki lisusu na moto, mpe abungisaki nioso na mabi matali misolo. Lisusu na kodefaka ebele na misolo, basengelaki na kozonga na mboka na bango esika na mboka. Kasi ye azalaki mpe na diabete mpe pasi elongo na yango.

Lokola na likambo oyo soki totikali na eloko moko ten a sima na biso komeka ba lolenge nioso na mayele na biso mpe bwanya, tosengeli kokende liboso na Nzambe na mitema misokemi. Na lolenge tokomitala na talatala na Liloba na Nzambe, totubeli masumu na biso, mpe tolongwe, makambo na kala makozoongela biso.

Soki tozali na kondima na koya liboso na Nzambe mpe totika makambo nioso na maboko na Nzambe, Ye Nzambe na bolingo oyo Abukaka litutami te akolimbisa biso mpe Akozongisa biso. Soki tolongwe na mabe mpe tobiki kati na pole, Nzambe Akotambwisa biso lisusu kati na bofuluki mpe Akopesa na biso mapamboli minene na koleka.

## Chapitre 6

# Bolozi na Molili mpe Kufa na Bana na Liboso

## Esode 10:22-12:36

Bongo Mose asembolaki loboko na ye epai na likolo mpe molili moyindaki mingi, ezalaki na mokili mobimba na Ejipito mpo na mikolo misato. Bamonanaki te mpe mooto alongwaki na esika na ye te mpona mikolo misato. Baton a Yisalele nioso nde bazalaki na moi na esika na kofanda na bango (10:22-23)

Na nkatinkati nab utu Yawe Abetaki bana na nkuulutu nioso na mokili na Ejipito longwa na mwana na nkulutu na Falo oyo afandaki na kiti na bokonzi kino mwana na nkulutu na moumbo oyo azalaki kati na boloko mpe bana liboso na bibwele. Falo alongwaki na mpongi nab utu, ye mpe basali na ye nioso mpe Baejipito nioso, mpe kolela monene ezalaki na Ejipito mpo ete ndako ezalaki te esika ezangaki mokufi (12:29-30).

Kati na Biblia tokoki komona ete na tango bazali na kokoso bato mingi batubelaki liboso na Nzambe mpe bazwaki lisungi na Ye. Nzambe Atindaki mosakoli na Ye epai na mokonzi Ezekia na Bokonzi na Yuda mpe Alobaki ete, "Yo okokufa kasi okobika te." Kasi mokonzi abondelaki makasi na mpinzoli na ye na miso, mpe bomoi na ye eyeisamaki molayi.

Ninewe ezalaki mboka mokonzi na Asulia, yango ezalaki mboka na kotelemela Yisalele. Na tango bato kuna bayokaki Liloba na Nzambe na nzela na mosakoli na Ye, batubelaki makasi na masumu na bango mpe babebisamaki soko te.

Na boye Nzambe Apesaka mawa na ye na ba oyo balongwe na mabe. Alukakalukaka ba oyo bazali koluka ngolu na Ye mpe Apesaka mingi na ngolu epai na bango.

Falo anyokwamaki na ba bolozi mingi mpo ete azalaki mabe, kasi atikalaki kolongwa na yango te kino sika. Koleka na ye koyeisa motema na ye makasi, monene na bolozi ezalaki.

## Bolozi na molili

Bato misusu balobaka ete bakotikala kobika te soki babungisi. Bandimelaka makasi na abngo moko. Falo azalaki moto na lolenge oyo. Amimonaki ye moko kozala nzambe, yango ntina alingaki kondima ete Nzambe Azali te.

Ata sima na komona ete mokili mobimba na Ejipito

mobebaki, atikalaki kobimisa baton a Yisalele te. Azalaki kosala lokola azalaki na momekano na Nzambe. Bongo Nzambe Andimelaki bolozi na molili.

Bongo Mose asembolaki loboko na ye epai na likolo mpe mokili moyindaki mingi ezalaki na mokili mobimba na Ejipito mpona mikolo misato. Bamonanaki te mpe moto alongwaki na esika na ye te mpo na mikolo misato. Baton a Yisalele nioso nde bazalaki na moi na esika na kofanda na bango. (Esode 10 :22-23).

Molili ezalaki mpenza makasi ete bakokaki ata komonana te. Moto moko te atelemaki soko mpe atambolaki zinga zinga na esika ezalaki ye mpona mikolo misato. Lolenge nini tokoki kolobela monene na kobanga mpe bozangi malamu basengelaki kokutana na yango mpona mikolo misato?

Molili makasi tuu ezipaki mokili na Ejipito mobimba mpe bato basengelaki kotambola kati na bokufi miso, kasi na mokili na Gosen bana na Yisalele bazalaki na pole na bisika na kofanda na bango.

Falo abengisaki Mose mpe alobaki ete akotika bana na Yisalele bakende. Kasi ayebisaki Mose atika bitonga na bangombe mpe na bampate, nde azwa kaka bana babali na bana na basi. Solo ezalaki likanisi na ye na kokanga baton a Yisalele.

Kasi Mose alobaki ete basengelaki kozala na ba nyama mpona mbeka na kotumba epai na Nzambe, mpe bakokaki kotika moko te mpo ete balingaki koyeba te nini oyo kobonzela Nzambe.

Lisusu Falo azwaki kanda mpe akebisaki ata Mose na kolobaka ete, "Tala elongi na ngai lisusu te, mpo ete mokolo okomona yango okokufa!"

Mose azongisaki na mbala moko ete, "Lokola elobi yo, nakomona elongi nay o lisusu te!" mpe akendaki.

## Limbola na molimo mpona Bolozi na Molili

Limbola na molimo mpona boolozi na molili ezali molili na molimo, mpe elakisi bolozi kaka liboso na kufa.

Ezali esika wapi bokono ekomi mpenza makasi mingi nde moto akoki lisusu kozongela te. Ezali lolenge na bolozi eye eyaka likolo na ba oyo batubelaka tea ta sima na kobungisa misolo na bango nioso eye izali lokola bomoi na bango.

Kotelema na mondelo na liwa ezali lokola kotelema na mondelo na ngomba molai kati na molili tuu mpe kozala na nzela moko te na kobima kati na kokoso. Na molimo, mpo ete moto abwakisi Nzambe mpe atiki mpenza kondima na ye, ngolu na Nzambe ekamatami mosika na ye, mpe boomoi na ye na molimo ekomi na suka. Kasi, Nzambe Azali naino na mawa na Ye likolo na ye mpe Akamati bomoi na ye te.

Mpona oyo etali bapagano, moto akoki kokutana na likambo na lolenge oyo mpo ete naino andimeli Nzambe te, ata sima na konyokwama na ba makama na ba lolenge na lolenge. Mpona bandimi, ezali mpo ete babatelaki Liloba na Nzambe te, kasi batondisi mabe likolo na mabe.

Na momesano tomonaka ete bato misusu babebisa misolo mingi mpenza mpona lobiko na ba bokono na bango kasi batikali kaka kozela kufa. Bango bazali ba wana babetami na bolozi na molili.

Baniokamaka mpe na ba kokoso na misisa na moto lokola depression, bozangi mpongi, mpe ba kokoso na bongo. Bayokaka bozangi lisungi na kokobaka kobika na mokolo na mokolo.

Soki basosoli, batubeli na yango, mpe balongwe na ba mabe na bango, mawa na Nzambe ekokitela bango mpe Nzambe akolongola bakokoso oyo na bango.

Kasi mpona oyo etali Falo, ayeisaki motema na ye makasi ata na koleka mpona kotelemela Nzambe kino suka. Ezali lolenge moko lelo. Baton a mangongi misusu bayaka liboso na Nzambe tea ta na makambo na kokoso nini bango bazali na yango. Na tango bango to mpe bandeko na libota na abngo babetamaki na bokono makasi, babungisi misolo na bango nioso, mpe sasaipi bomoi na bango ikomi na suka, bakolinga kotubela liboso na Nzambe te.

Soki tokokoba na kotelemela Nzambe ata na katikati na makama ebele, sukasuka, bolozi na kuda ekopesama.

## Bolozi na Kufa na bana ba kulutu

Nzambe Atikaki Mose ayeba nini ekosalema na sima kati na Esode.

YAWE Alobelaki Mose ete, 'Nakoyeisa likambo moko mosusu likolo na Falo mpe likolo na Ejipito. Na nsima akotika bino kolongwa na awa. Wana ekotika ye bino kokenda akokimisa bino nye. Sik'awa loba na matoyi na bato ete mobali na mobali alomba na mozalani na ye mpe mwasi na mwasi alomba na mozalani na ye biloko na palata na wolo (Esode 11:1-2).

Mose azalaki na esika oyo akokaki ata kobomama soki asengelaki kokende lisusu liboso na Falo, kasi atelemaki liboso na Falo mpona kotalisa mokano na Nzambe.

Mpe bana na nkulutu na mokili na Ejipito bakokufa, longwa na mwana na nkulutu na Falo oyo afandi na kiti na mokonzi, kino mwana na nkulutu na moombo mwasi oyo azali nsima na mabanga na kofina mfufu, mpe bana liboso na bibwele. Mpe kolela monene ekozala bipai nioso na mokili na Ejipito, lokola ezalaki na liboso te mpe ekozala lisusu te (Esode 11:5-6).

Bongo lokola elobami ete, nab utu, bana kulutu kaka na Falo te mpe na bakolo na ye te kasi bato nioso kati na Ejipito; mpe na ba nyama nioso bakufaki.

Ezalaki na kolela monene kati na Ejipito, mpo ete ndako ezalaki te esika wapi mwana kulutu akufaki te. Mpo ete Falo ayeisaki motema na ye makasi kino na suka mpe ayambolaki te, ata bolozi na kufa eyeilaki bango.

Limbola na Molimo mpona Bolozi na Kufa na bana Nkulutu

Bolozi na kufa na bana nkulutu etalisi likambo esika wapi moto ye moko, to mpe molingami na ye na koleka, mingi mingi muana na ye, to moko na ndeko na libota na ye, akufi, to mpe akoti na nzela na kobebisama mpenza mpe na kokoka na kozwa lobiko te.

Tokoki komona likambo na lolenge oyo kati na Biblia, mpe lokola. Mokonzi wa Yambo na Yisalele, Saulo aboyali kotosa Liloba na Nzambe koyebisaka ye ete aboma biloko nioso kati na Amaleke. Lisusu, atalisaki lolendo na ye na kobonzaka mbeka ye moko epai na Nzambe, oyo kaka nganga Nzambe akokaki kosala. Sukasuka, abwakisamaki epai na Nzambe.

Bongo, na tango dawidi azalaki kobeta lindanda, Saulo abwakaki likonga mpona koboma Dawidi. Atindaki mpe Dawidi kati na etumba esika wapi ekokaki kolonga te. Atindaki ata basoda na ndako na Dawidi mpona koboma ye.

Lisusu, kaka mpo ete basungaki Dawidi, abomaki ban ganga na Nzambe. Akobaki na kotondisa makambo na mabe mingi. Sukasuka, akweisamaki na etumba mpe akufaki kufa na mawa. Na loboko na ye moko amibomaki.

Lolenge nini mpona nganga Nzambe Eli mpe na bana na ye? Eli azalaki nganga na Nzambe na Yisalele na tango na basambisi, mpe asengelaki kotia ndakisa malamu. Kasi ban aba ye Hofini mpe Pinehase bazalaki bato mpamba ba oyo bayebaki Nzambe te (1 Samuele 2:12).

Mpo ete tata na bango azalaki nganga Nzambe, basengelaki mpe kosala mosala na kosalela Nzambe, kasi batiolaki mbeka na Nzambe. Basimbaki misuni na mbeka na kotumba liboso na yango epesamela Nzambe, mpe ata kolala na Basi oyo bazalaki na ekuke na ndako na bokutani.

Soki bana bakei nzela mabe, baboti basengeli kopamela bango, kasi bazali koyoka te, baboti basengeli kopesa etumbu makasi mpona kopekisa bana na bango. Ezali mosala mpe bolingo na solo na baboti. Kasi nganga Nzambe Eli alobaki kaka ete, "Mpo nini bokosala makambo boye? Te."

Ban aba ye babali balongwaki nan a masumu na bango te, mpe bilakeli mabe mikweyaki na libota na ye. Bana babali mibale na ye babomamaki kati na etumba.

Na koyoka sango oyo, Eli akweyaki na kiti na ye mpe abukanaki kingo mpe akufaki. Lisusu, muana bokilo na ye azalaki na shoke kati na mokumba na ye mpe na kobota ye akufaki.

Kaka na komonaka makambo mana, tokoki kososola ete bilakeli mabe to mpe kufa na mbalaka ikomaka kaka na tina moko te.

Na tango moto azali kobika bomoi na bozangi kotosa na kotelemela Liloba na Nzambe, ye moko to mpe bandeko misusu kati na libota na ye bakokutana na kufa. Bato misusu bakozongaka liboso na Nzambe kaka sima na bango komona kufa na lolenge oyo.

Soki bango balongwe tea ta sima na komona bolozi na kufa na bana nkulutu, bakoka te mpona libela kobikisama, mpe yango ezali bolozi eleki makasi. Na boye, liboso na bolozi moko ekoma, mpe soki bolozi yango esilaki kokoma, bosengeli kotubela na masumu na bino liboso ete yango ekoka lisusu te.

Likambo na Falo, kaka sima na ye konyokwama na ba bolozi nioso zomi nde ayaki na kondima Nzambe kati na bobangi mpe atikaki baton a Yisalele bakenda.

Ye mpe abiangaki Mose mpe Alona nab utu mpe alobaki ete, 'Telema mpe bima na kati na baton a ngai, bino mpe baton a Yisalele. Kenda kosalela YAWE lokola elobaki bino. Kamata bitonga na bampate mpe bitonga na bangombe mpe kenda na bino. Pambola ngai lokola" (Esode 12:31-32).

Na nzela na ba Bolozi Zomi, Falo atalisaki malamu motema na ye moyeisama makasi mpe amemamaki na makasi na kotika baton a Yisalele. Kasi sima na yango ayokaki pasi na motema mpona kosala bongo. Abongolaki lisusu makanisi na ye. Akamataki mapinga na ye nioso mpe mikalo na Ejipito mpe alandaki baton a Yisalele.

Bongo ye abongisaki likalo na ye mpe akamataki basoda na ye elongo, mpe akamataki makalo nkama motoba maponamaki mpe makalo nioso mosusu na Ejipito na bakapitene na yango elongo. YAWE Ayeisaki motema na Falo mokonzi na Ejipito makasi mpe ye abenganaki baton a Yisalele wana ebimaki bango na molende (Esode 14:6-8).

Ezalaki malamu mpenza mpo ete amikitisa liboso na Nzambe sima na ye komona kufa na bana kulutu, kasi kala te ayokaki mabe nap o nini atikaki Bayisalele bakenda. Akamataki mapinga na ye mpona kolanda bango. Na komonaka oyo, tokoki kososola lolenge nini motema na moto ekoki kozala na koyeisama makasi mpe na kokosa. Sukasuka, Nzambe Alimbisaki ye te mpeazalaki na nzela mosusu te kaka na kotika bango ete bakufa katii na main a mai Monana Motane.

YAWE Alobelaki Mose ete, 'sembola loboko na yo likolo na main a Monana ete mai ezonga likolo na Baejipito, likolo na makalo na bango mpe na baton a bango na mbalata. Bongo Mose asembolaki loboko na ye na likolo na main a monana, mpe etanaki ntongo mai ezongaki na esika na yango, mpe Baejipito bakimaki kati na yango mpe YAWE Abukaki Baejipito na kati na Mai na Monana. Mai ezongaki mpe ebombaki makalo mpe baton a mbalata mpe ebele nioso na Falo babilaki bango kati na main a monana. Ata moko na bango atikalaki te (Esode 14:26-28).

Ata lelo, bato mabe bakobondela mpona libaku malamu na tango bazwami kati na kokoso. Kasi na tango libaku malamu yango epesameli bango, bakozongela lisusu mabe na bango. Na tango mabe ekobi na lolenge oyo, na suka bakokutana solo na kufa.

## Bomoi na Bozangi Botosi mpe Bomoi na Botosi

Ezali na eloko moko na motuya mingi eye tosengeli kososola malamu mpenza; ezali ete na tango tosali mabe mpe tososoli yango, tosengeli te kobakisa mabe likolo na mabe, kasi totambola na nzela na boyengebene.

1 Petelo 5:8-9 elobi ete, "Bomisenjela bolala mpongi te, motelemeli na bino oyo mabe, azali kotambola lokola nkosi konguluma, kolukka soko akolia nani. Botelemela ye ngwimpona kondima, boyeba ete pasi na motindo moko mpenza ezali kobimela bandeko na bino na bipai mosusu na mokili."

1 Yoane 5:18 elobi mpe ete, "Toyebi ete moto na moto oyo asili kobotama na Nzambe akosalaka masumu te mpo ete ye oyo abotami na Nzambe akobatela ye mpe oyo mabe akoyeba kotiela ye loboko te."

Na bongo, soki tokosalaka masumu te kasi tokobika kati mpenza na Liloba na Nzambe, Nzambe Akobatela bison a miso ma Ye na moto, mpo ete tokosengela na komitungisama te mpona soko nini.

Pembeni na biso, tokoki komona bato kokutana na ba lolenge na lolenge na makama, kasi bazali ata kososola te mpo nini bazali kokutana na ba kokoso mingi. Lisusu, tokoki komona bandimi misusu konyokwama na mikakatano mingi.

Basusu bakutani na bolozi na makila to ngungu, basusu bolozi na matandala to mayoyo. Ata mpe misusu bakokutana na bolozi na kufa na muana kulutu, mpe lisusu na sima bakokutana na bolozi na kozipama na mai. Na bongo, tosengeli te kobika bomoi na kozanga botosi lokola Falo kasi bomoi botosi, mpo ete tokutana na moko ten a ba bolozi oyo.

Ata soki tozali na esika wapi tokoki kokima bolozi na kufa na muana nkulutu te to mpe bolozi na molili, tokoki kolimbisama soki totubeli mpe tologwe na masumu na mbala moko. Kaka na lolenge na mapinga na Baejipito eye ezipamaki kati na Mai Monana Motane, soki tokowumela mua molai mpe tolongwe te, ekozala na tango oyo ekoya yango mpe ekozala sima mingi mpenza.

## *Mpona oyo etali bomoi* kati na Botosi

Soko okotosa mongongo na YAWE Nzambe nay o mpe okosenjela ete osala malakona Ye nioso oyo elakeli ngai yo lelo, mbe YAWE Nzambe nay o Akonetola yo likolo na mabota nioso nan se. Mapamboli oyo nioso makowela yo mpe makobila yo, soko okotosa mongongo na YAWE Nzambe nay o. Okopambolama na mboka mpe okopambolama na elanga. Bana nay o bakopambolama, mpe mbuma na elanga nay o, mpe bana na bibwele nay o, bana na bangombe nay o mpe ban aba bampate nay o. Ekolo nay o mpe esalelo nay o na kwanga ekopambolama. Okopambolama na ntango na kokota nay o na kobima nay o. (Dutelonome 28:1-6)

# Chapitre 7

# Pasika mpe Nzela na Lobiko

## Esode 12:1-28

*Yawe Alobelaki Mose mpe Alona kati na mokili na Ejipito ete, "Sanja oyo ekozala mpo na bino ebandeli na sanza nioso. Ekozala mpo na bino sanza na liboso kati na mbula. Solola na lingomba na Yisalele nioso ete na mokolo na zomi na sanza oyo mobali na mobali akamata mwana na mpate mpona mabota na batata na bango, mwana na mpate moko mpo na libota moke'" (1-3).*

*"Bokobatela yango kino mokolo na zomi na minei na sanza oyo, bongo koyangana mobimba na lingomba na Yisalele bakoboma bana na mpate na bango na mpokwa. Na nsima bakokamata ndambo na makila mpe bakotia yango na makonzi mibale na monoko na ndako mpe na likolo na monoko na ndako wana ekolia bango yango. Bakolia mosuni yango motumbami na moto butu yango. Bakolia yango esika moko na mapa mazangi mfulu mpe ndunda na bololo. Bokolia yango mobesu te to elambami na mai te, kasi bobele etumbami na moto na motó na yango mpe makolo na yango mpe nsopo na yango elongo. Bokotika soko moko na yango kino tongo te. Soko ndambo na yango ekotikala kino ntongo bokozikisa yango na moto. Bokolia yango na motindo boye: Nkamba na loketo ekangami mpe mapapa na makolo mpe lingenda na loboko. Bokolia na mbango. Ezali elekeli na YAWE" (6-11).*

Kino na esika oyo tokoki komona ete Falo elongo na baumbo na ye bakobaki na kobika bomoi na bozangi botosi na Liloba na Nzambe.

Lokola lifuti, ezalaki na ba bolozi mike kati na mokili mobimba na Ejipito. Lokola bakobaki na koboya kotosa, ebele na ba bokono mapesamaki, nkina na bango elimwaki, mpe sukasuka babungisaki bomoi na bango.

Na kokesana ata soki babikaki na mokili moko na Ejipito, baponami baton a Yisalele banyokwamaki na bolozi moko te.

Na tango Nzambe Abetaki na kufa kati na Ejipito na bolozi na suka, Baiyisalele bazalaki na kobungisa bomoi moko te. Ezalaki mpo ete Nzammbe Atikaki baton a Yisalele bayeba nzela na lobiko.

Yango ezali kaka mpona baton a Yisalele ten a ba nkoto ebele na ba mbula maleka, kasi na lolenge moko ezali kaka bongo mpona kosalelama mpo na biso lelo.

## Lolenge na Kokima Bolozi na Kufa na bana Nkulutu

Liboso bolozi na kufa likolo na bana nkulutu na Ejipito ezala, Nzambe Alobelaki na baton a Yisalele lolenge na kokima Bolozi.

Solola na lingomba na Yisalelel nioso ete na mokolo na zomi na sanza oyo mobali na mobali akamata mwana na mpate mpona mabota na batata na bango, mwana na mpate moko mpo na libota moko" (Esode 12:3).

Kobanda na bolozi na makila na nzela na bolozi na molili, ata soki bana na Yisalele basalaki eloko moko te na bango moko, Nzambe Abatelaki bango kaka na nguya na Ye. Kasi kaka liboso na bolozi na suka, Nzambe Azalaki na bosenga na misala na botosi epai na baton a Yisalele.

Ezalaki kokamata mwana na mpate mpe kotia ndambo na makila na makonzi mibale na ekuke na ndako mpe likolo na ekuke, mpe kolia mpate etumbami na moto kati na ndako. Yango ezalaki elembo mpona kokesenisa baton a Nzambe na tango Nzambe Akoboma bana nkulutu nioso na bato na ba nyama na Ejipito.

Mpo ete bolozi na suka ekoleka ba ndako oyo ezalaki na makila na mpate, Bayuda bakoba kokanisa mokolo oyo na Pasika, epai wapi bango babikisamaki.

Lelo, Pasika ezali elambo na Bayuda oyo eleki monene. Baliaka mpate, mapa mazangi mfulu mpe matiti na bololo mpona kokanisa mokolo oyo. Mingi ekolobama na chapitre 8.

## Kamata Mpate

Nzambe Alobelaki bango ete bakamata mpate mpo ete na molimo mpate elakisi Yesu Christu.

Mpona koloba na momesano, ba oyo bandimela Nzambe babengami ba mmpate na Ye. Ebele na bato bakanisaka ete 'mpate' ezali 'mondimi na sika,' Kasi kati na Biblia, tokoki komona ete mpate etalisi Yesu Christu.

Kati na Yoane 1:29, Yoane Mobatisi alobaki ete, kotalisa Yesu ete, "Tala Mwana na Mpate na Nzambe, molongoli na masumu na mokili!" 1 Petelo 1:18-19 elobi ete, "Boyebi ete, bosili kosikolama na bizaleli na bino na mpamba bilongwi kati na bankoko, na biloko bikopola lokola palata soko wolo te, kasi bosili kosikolama na makila na Yesu Ktistu maleki nioso na motuya, lokola makila na mwane na mpate oyo na mpota te mpe na litono te."

Ezaleli na Yesu mpe misala ma Ye ebanzisi bison a mpate malamu. Matai 12 :19-20 yango mpe elobi été, "Akowelana te, akonganga te, moto akoyoka mongongo na ye kati na nzela te. Akobuka lititi litutami te, akozimisa lotambe loziki mokemoke te, kino ekosila Ye kosambisa sembo."

Kaka lolenge mpate ayokaka kaka mongongo na nkolo na ye mpe akolandaka ye, Yesu Atosaka kaka na 'Iyo' mpe 'Amen' liboso na Nzambe (Emoniseli 3:14). Kino tango Akufaki na ekulusu, lingaki kokokisa mokano na Nzambe (Luka 22:42).

Mpate apesaka biso suki malamu, miliki na kopesa vitamin mingi mpe mosuni. Na lolenge oyo, Yesu mpe Apesamaki lokola mbeka na kolongola mpona kozongisa biso na boyokani na Nzambelolenge ebimisaki Ye mai mpe makila ma Ye nioso na ekulusu.

Na boye, biteni ebele kati na Biblia akokanisi Yesu na mpate. Na tango Nzambe Apesaki ndingisa na bato na Yisalele kati na mibeko na Pasika, Alobelaki mpe bango lolenge nini kokabola mpate na mozindo.

Soko nde libota eleki moke mpo na mwana na mpate, moto akokamata yango esika moko na mozalani na ndako penepene na ndako na ye. Bokotanga mpona mwana na mpate yango pelamoko moto na moto akoki kolia. Mwana na mpate na bino akozala na mwa libebi te, mobali na mbula moko. Bokokamata yango na kati na mpate to na kati na ntaba (Esode 12:4-5).

Soki bazalaki babola mingi, to mpe bazalki na baton a kokoka te kati na libota mpona kolia mpate mobimba, bakokaki kokamata mpate moko to mpe ntaba, mpe bakokaki kokabola mpate moko wana na libota na bazalani. Tokoki komona bolingo makasi na Nzambe oyo Atonda na mawa.

Tina oyo nzambe Alobelaki bango ete bakamata mpate mobali na mbula moko oyo izanga mbeba ezali mpo ete mosuni na ye ezalaka kitoko koleka na tango oyo mpo ete yango naino ebandi kobotisa te. Lisusu, lokola ezali mpona moto, ezali ntango na elenge, kozala kitoko mingi mpe mpetwa na koleka. Mpo ete Nzambe Azali bulee na mbeba moko te to mpe mbindo, Alobelaki bango ete bakamata mpate na tango eleki kitoko mingi, mpate na mbula moko.

## Pakola Makila mpe Kobima Libanda Te Kino Tongo

Nzambe Alobaki ete basengelaki na kokamata mpate kolandana na motuya na bato kati na ba ndako na bango. Kati na Esode 12:6 tomoni ete basengelaki koboma mpate na mbala moko te, kasi sima na kobatela yango mpona mikolo minei, esengelaki kosalema na mpokwa. Nzambe Apesaki bango tango moko esengelaki mpona kobongisa yango na mitema misekwama mpenza.

Mpo nini Nzambe Alobaki ete basengelaki koboma yango na mpokwa?

Koleka na baton a nse na moi, oyo ebanda na bozangi botosi na Adamu, ekoki na kokabolama na biteni misato. Longwa na Adamu kino na Abalayama ezali na ba mbula 2000, mpe eteni oyo na tango ezali ebandeli na boleki na baton a nse na moi. Na kopimama na mokolo mobimba yango ezali tongo.

Sima na wana, Nzambe Atikai Abalayama lokola tata na kondima, mpe longwa na tango na Abalayama kino Yesu koya kati na mokili oyo, ezali mpe ba mbula 2000. Yango ezali lokola kati kati na mokolo.

Kobanda tango Yesu Ayaki kati na mokili oyo kino lelo, ezali mpe na ba mbula 2000 eleka. Oyo ezali suka na tango na koleka na baton a nse na moi mpe suka na mokolo (1 Yoane 2:18 ; juda 1:18 ; Baebele 1:2 ; 1 Petelo 1:5 ; 20).

Tango wapi Yesu Ayaka kati na mokili oyo mpe Asikolaki bison a masumu na bison a nzela na kufa na Ye na Ye likolo na ekulusu ezwaki kati na eteni na tango na suka, mpe yango ezali mpo nini Nzambe Alobelaki bango ete baboma muana na mpate na kati nab utu kasi na kati na mokolo te.

Bongo bato basengelaki kotia makila na muana na mpate likolo na makonzi mibale na ekuke mpe likolo na ekuke (Esode 12:7). Makila na muana na mpate na molimo elakisi makila na Yesu Christu. Nzambe Alobelaki bango ete bapakola makila likolo na makonzi mibale mpe likolo na ekuke mpo ete tobikisami na makila na Yesu Christu. Nzambe Alobelaki bango ete batia makila na makonzi na ekuke, mpe na likolo na ekuke mpo ete tobikisami na makila na Yesu. Na kotangisaka makila mpe kokufa na ekulusu, Yesu asikolaka bison a masumu na biso mpe abikisaka bomoi na biso; yango ezali tina na molimo eye etiami.

Mpo ete ezali makila bulee eye esikola bison a masumu na biso, basengelaki te kotia makila na nse, esika bato bakotambolaka, kasi kaka na makonzi na ekuke mpe likolo na ekuke.

Yesu Alobaki ete, "Ngai nazali ekuke, soko moto nani akoingela na nzela na Ngai akobika mpe akoingela mpe akobima mpe akozua bilei. Moyibi akoyaka bobele mpo na koyiba mpe koboma mpe kobebisa." (Yoane 10:9).

Lokola elobama, kati nab utu na bolozi na kufa na bana nkulutu, bandako nioso eye ezalaki na makila te, bazalaki na kufa kati na bango, kasi bandako oyo batiaka makila babikisamaka na kufa.

Kasi ata soki batiaki makila na mpate, soki bazalaki libanda na ekuke, bakokaki kobikisama te (Esode 12:22). Soki babimaki libanda na ekuke, elakisi ete bazalaki na eloko moko te na kondimana na Nzambe, mpe basengelaki kokutana na bolozi na kufa na bana nkulutu.

Na molimo, libanda na ekuke elakisi molili eye ezali na eloko moko te na kosala na Nzambe. Ezali mokili na lokuta. Na lolenge moko, lelo, ata soki tondimeli Nkolo, tokoki kobikisama te soki totiki Ye.

## Kotumba Muana na Mpate mpe Kolia Yango Mobimba

Ezalaki na kufa kati na ba ndako na Baejipito, mpe ezalaki na kolela makasi. Kobanda na Falo, oyo abangaki Nzambe soko moke tea ta sima na ebele na misala na nguya na Nzambe mitalisamaki na Baejipito nioso, kolela makasi ebandaki kati na kimia na mozindo nab utu.

Kasi kino tongo, Bayisalele babimaki na libanda na bikuke soko te. Baliaki kaka muana na mpate kolandana na Liloba na Nzambe. Nini ezalaki tina oyo basengelaki kolia mosuuni na mmuana na mpate na katikati nab utu makasi? Yango ebombi limmbola na mozindo na molimo.

Liboso na Adamu kolia na nzete na koyeba malamu mpe mabe, abikaki nan se na kokonzama na Nzambe oyo Azali pole, kasi wuta mokolo azboyaki kotosa mpe aliaki mbuma na nzete, akomaki moumbu na masumu. Likoolo na yango, bakitani na ye nioso, bato nioso, bayaki nan se na kokonzama na moyini zabolo mppe SSatana, mokambi na molili. Na bongo, mokili oyo ezali na molili to butu.

Kaka lolenge baton a Yisalele basengelaki kolia muana na mppate nab utu makasi, biso ba oyo tozali kobika kati na molimo na mokili na molili tosengeli kolia mosuni na Muana na Moto, oyo ezali Liloba na Nzambe oyo Azali Pole, mpe tomela makila ma Ye, mpo ete tokoka kozwa lobiko. NNzambe Alobelaki bango na mozindo lolenge nini kolia muana na mpate. Basengelaki kolia yango na mapa mazanga mfulu mpe matiti na bololo (Esode 12:8).

Mfulu ezalaka lolenge na eloko oyo basalelaka mpona kovimbisa mapa, mpe yango ebongisaka bilei mpona kokomisa yango elenngi na koleka mpe kolembisa yango. Mapa mazanga mfulu mazali kitoko moke na oyo esalemi na yango.

Mpo ete ezalaki likambo na kobika soko kobika te, Nzambe Atikaki bango balia muana na mpate na mapa mazaga mfulu na kitoko moke mpe na matiti bololo mpo ete bango bakoka na kokanisa mokolo yango.

Lisusu, mfulu elakisaka masumu mpe mabe na limbola na

molimo. Boye, 'kolia mapa mazanga mfulu mpe matiti bololo elakisi ete tosengeli na kolongola masumu mpe mabe mpona kozwa lobiko na bomoi.

Mpe Nzambe Alobelaki bango ete batumba muana na mpate likolo na moto, balia yango mobeso te to mpe etoki na mai te, mpe basengelaki kolia yango nioso, moto, makolo, mpe misopo (Esode 12:9).

Awa, 'kolia yango mobeso' elakisi kolimbola Liloba motuya na Nzambe na mosuni.

Ndakisa, Matai 6:6 elobi ete, "Nde yo, wana ekobondela yo, ingela na eteni nay o na ndako mpe kanga ekuke, mpe bondela epai na Tata na yo oyo Azali nan kuku. Mpe Tata nay o oyo Akomonaka na nkuku Akopesa epai nay o." Soki tokolimbola yango lolenge esengeli, tosengeli kokota kati na ndako na kati, kokanga ekuke, mpe kobondela. Kasi esika moko te kati na Biblia tokoki komona moto moko na Nzambe kobondela kati na ndambo kati na ndako na ekuke ekangama.

Na moolimo, 'kokota kati na ndambo na ndako mpe kobondela' elakisi ete tosengeli soko te kozala na makanisi na pamba, kasi tobondela na motema na biso mobimba.

Kati na kolia na biso, soki tokolia mosuni mobeso, tokoki kozwa infection na ba nyama to mpe tozwa pasi na libumu. Soki tokolimbola Liloba na Nzambe kaka bongo, tokoya na kozala na bozangi bososoli mpe yango ikomema biso Kati na makambo. Bongo, tokoki te kozala na kondima na molimo, nde bongo ekomema biso kutu mosika na lobiko.

Kotokisa yango kati na mai elakisi ete 'kobakisa mayele na mokili, mayele na minganga, to mpe makanisi na bomoto kati na Liloba na Nzambe.' Soki totokisi mosuni kati na mai, vitamin na yango ekobima kati na mai mpe kobungisa ebele ekozala. Na lolenge moko, soki tokobakisa mayebi na mokili oyo kati na Liloba na solo, tokoki kozala na kondima lokola mayebi, kasi tokoki kozala na kondima na molimo te. Na bongo, ekomema bison a Sasaipi, nini yango elakisi na kotumba muana na mpate katii na moto?

Awa, 'moto' etalisi 'moto na Molimo Mosantu.' Mingi mingi, Liloba na Nzambe ekomamaki na lisungi na Molimo mosantu, nde bongo, na tango tozali koyoka yango mpe kotanga yango, tosengeli kosala yango na kotondisama mpe lisungi na Molimo mosantu. Soki te, ekozala kaka eteni na boyebi, mpe tokoka kolia yango lokola lipa na molimo te. Kotondisama na Molimo mosantu.

Mpona kolia Liloba na Nzambe etumbami na moto, tosengeli kozala na mabondeli makasi. Mabondeli mazali lokola mafuta, mpe yango ezali moto na kopesa biso kotondisama na Molimo Mosantu.

Na tango tolei Liloba na Nzambe na lisungi na Molimo mosantu, Liloba ekozala sukali koleka mafuta nzoi. Elakisi ete tozali koyoka Liloba na motema na mposa na mai lokola mboloko akolukaka mokele na mai. Bongo, tokoyoka ete ngonga mpona koyoka Liloba na Nzambe ezali mpenza motuya, mpe tokotikala koyoka yango bolembu te.

Na tango tozali koyoka Liloba na Nzambe, soki tozali kosalela makanisi na bato, to mpe makambo biso moko tokutana na yango to mayebi, tokoki kososola mingi na makambo te.

Ndakisa, Nzambe Alobeli biso ete, soki moto abeti biso na litama moko, tosengeli mpe kopesa na ye mosusu, nde soki moto asengi elamba na biso, topesa ye mpe oyo na kati mpe lokola, mpe ye nani akangi yo ete okende na ye kilometelo moko, kenda na ye mibale. Lisusu, bato mingi bakanisaka ete ezali malamu mpona kozongisa, kasi Nzambe Alobeli biso ete tolinga bayini na biso, tomikitisa mpenza, mpe tozala basaleli na basusu (Matai 5:39-44).

Yango tina tosengeli kokweyisa makanisi na biso nioso mpe tolia Liloba na Nzambe kaka na lisungi na Molimo Mosantu. Kaka wana nde Liloba na Nzambe Ekokoma makasi mpe bomoi na biso, mpo ete tokoka kolongola kozanga solo mpe tokoka na kotambwisama na nzela na bomoi na seko.

Na momesano, ezalaka elelngi na koleka na tango totumbi mosuni na moto, mpe ezali lolenge na koboya bosoto na nzoto. Na lolenge moko, moyini zabolo mpe Satana bakoki kosala te epai na ba oyo bakoliaka Liloba na Nzambe na molimo na koyoka ete ezali sukali koleka mafuta nzoi.

Lisusu, Nzambe Alobelaki bango ete balia moto, makolo, mpe misopo. Yango elakisi ete tosengeli lokamata nioso na ba buku 66 kati na Biblia, na kotika moko na yango te pamba.

Biblia efandisi ebandeli na mokili mpe mokano na koleka

na bato na nse na moi. Lisusu, efandisi ba nzela na kokoma bana na Nzambe na solosolo. Ebombi mokano na lobiko eye ebombamaka liboso na kobanda na tango. Biblia efandisi mokano na Nzambe.

Na boye, 'kolia moto, makolo, mpe misopo' elaksi ete tosengeli kozwa Biblia lokola mobimba na kobanda na buku na Genese kino buku na emoniseli.

## Kotika moko na bango te kino tongo, Lia na Lombango

Baton a Yisalele baliaki mpate etumbami na moto kati na ba ndako na bango, mpe batikaki eloko moko ten a yango kino tongo, mpo ete Esode 12:10 elobi ete, "Bokotika soko moke na yango kino tongo te. Soko ndambo na yango ekotikala kino ntongo bokozikisa yango na moto."

'Ntongo' ezali tango molili ekolongwaka mpe pole ekoyaka. Na molimo, etalisi etalisi tango na bozingi na mibale na Nkolo. Sima na Ye koya, tokoka lisusu kobongisa mafuta na biso te (Matai 25 :1-13), nde bongo, tosengeli kolia Liloba na Nzambe nokinoki mpe tosalela yango liboso na Nkolo Yesu Azonga.

Bato na Yisalele basengelaki kolongwa na Ejipito sima na bolozi na kufa na bana nkulutu esalema, mpe yango tina Nzambe Alobelaki bango été balia nokinoki.

Bokolia yango na motindo boye,: nkamba na loketo ekangami

mpe mapapa na makolo mpe lingenda na loboko. Bokolia na mbango. Ezali elekeli na Yawe (Esode 12:11).

Yango elakisi ete basengelaki komilengele mpona kobima na bilamba na bango mpe na basapato na bango nioso elatemi. Kokanga nkamba na loketo mpe kolata mapapa na makolo elakisi ete basengelaki kobongoma na mobimba nioso.

Mpona kozwa lobiko na nzela na Yesu Christu kati na mokili, yango ezali lokola Ejipito eye ebetamaki na bolozi na pasi, mpe kokota kati na Bokonzi na Lola, oyo ezali lokola mokili na elaka na Kanana, tosengeli mpe tango nioso kozala na bolamuki mpe kobongama.

Mpe lisusu Nzambe Alobelaki bango ete bazala na mangenda na bango na maboko, mpe lingenda na molimo etalisaka 'kondima.' Na tango totamboli to mpe tomato ngomba, soki tozali na lingenda, ekozala malamu mingi mpe na pete, mpe biso tokokweya te.

Tina oyo lingenda epesamaki na Mose ezalaki mpo ete Mose ayambaki Molimo mosantu kati na motema te. Nzambe Apesaki na Mose lingenda eye na molimo elakisi kondima. Na nzela wana baton a Yisalele bakokaki komona nguya na Nzambe na nzela na lingenda eye na mosuni ekokaki komonana na miso, mpe mosala na Kobima na Ejipito ekokaki kokokisama.

Ata lelo, kokota kati na Lola na seko, tosengeli kozala na kondima na molimo. Tokoki kozwa lobiko kaka na tango tondimeli Nkolo Yesu Christu oyo Akufaki na ekulusu na lisumu moko te mpe Ye Asekwaki. Tokoki kokota na libiko ekoka kaka na tango tosaleli na mobimba Liloba na Nzambe na koliaka mosuni na Nkolo mpe komela makila ma Ye.

Lisusu, sasaipi ezali tango oyo epesani na koleka nioso mpo ete Nkolo Azonga. Boye, tosengeli kotosa Liloba na Nzambe mpe kobondela makasi mingi mpo ete tokoka na tango nioso kolonga kati na bitumba na mapinga na molili.

Mpo na oyo bokamata molato mobimba na etumba na Nzambe ete boyeba kotelema na mokolo na mabe mpe sima na kosala nioso, kotelema naino. Botelema ngwi, bongo na loketo lokangami na sembo mpe na kolata boyengebene lokola ebolo makasi na ntolo, mpe koselingwa na sapatto na makolo lokola bantoma na Nsango na kimia. Na yango nioso bokamata nguba na kondima, na yango bokoki kozimisa mbanzi nioso na moto na oyo mabe. Bokamata ekoti na kobika mpe mopanga na Molimo, yango Liloba na Nzambe (Baefese 6:13-17).

# Chapitre 8

# Kokatama ngenga mpe Elambo Esantu

## Esode 12:43-51

*YAWE Alobelaki na Mose mpe Alona ete, Oyo ezali mobeko na Elekeli." (43)*

*"Moto na esute nde akolia yango te. (48)*

*"Mobeko ekozala moko mpona moto na mokili mpe mpona mopaya mofandi na bino." (49)*

*Na mokolo yango mpenza YAWE Abimisaki baton a Yisalele na mokili na Ejipito ebele na ebele na bango. (51)*

Elambo na Pasika ebatelama mpona tango molayi eleki na mokili mobimba, mpona ba mbula 3,500. Ezalaki moboko na kobandisama na ekolo na Yisalele.

Pasika ezali (Pesach na Kiebele, mpe yango elakisi, lokola likomi yango elakisi ete, 'koleka to mpe kolimbisa likambo. Elakisi ete elilingi na molili elekaki likolo na ba ndako ba Yisalele mpo ete makonzi na bikuke mizipamaki na makila na mpate na tango bolozi na kufa na bana nkulutu eyaki likolo na Ejipito.

Kati na Yisalele, ata na mokolo na lelo, basukolaka ba ndako mpe bakolongolaka mapa nioso mazali na mfulu kati na ba ndako na mokolo na Pasika. Ata bana mike bakolukaka nan se na ba mbeto to mpe na sima na ba kiti na torche mpona bilei to mpe eteni na lipa to mpe mapa na mfulu kati na yango, mpe bakolongola yango. Lisusu, ndako moko na moko ekoliaka kolandana na mibeko na Pasika. Mokolo na libota akozongisa na mabanzo Elambo na Pasika, mpe bakosepela Kobima.

"Mpo nini tozali kolia Matzo (Mapa mazanga mfulu) nab utu na lelo?"

"Mpo nini toliaka Maror (Matiti bololo) nab utu na lelo?"

"Mpo nini tokoliaka parsley sima na kozindisa yango kati na mai na mungwa mbala mibale? Mpo nini tokoliaka matiti bololo elongo na Harosheth (Cnfiture na langi motane, kolakisa kolambama na biliki kati na Ejipito)?"

"Mpo nini tokolalisaka mokongo na nsima na tango toliaka Pasika?"

Bakambi na elambo bakolimbolaka ete basengelaki mapa mazanga mfulu mpo ete basengelaki kolongwa Ejipito nokinoki. Lisusu, alimboli mpona kolia matiti na bololo mpona kobanza pasi na boumbo kati na Ejipito, mpe kolia parsley mozindisami kati na main a mungwa mpona kokanisa mpinzoli bazalaki kotangisa kati na Ejipito.

Kasi sasaipi, mpo ete batata na bango basikolamaki na boumbo, baliaki bilei na mokongo kolalisama na efelo mpona kotalisa bonsomi mpe esengo na kokoka kosala yango na tango na kolia.

Mpe na tango batambwisi bazali kolobela lisolo na va bolozi zomi kati na Ejipito, moko na moko na bandeko na kati na libota bakobomba mua ndambo na vigno kati na monoko na ye ma tango nioso kombo na bolozi ekolobama, mpe sima abwaka yango kati na eluku na kokesana.

Pasika esalemaka na ba mbula 3,500 eleka, kasi na nzela na bilei na Pasika, ata bana mpe sik'awa bazali na nzela na koyoka Kobima. Bayuda bazali naino kobatela elambo oyo Nzambe Abandisa na ba nkoto na ba mbula eleka.

Nguya na Bayuda na bikolo, mingi mingi ba oyo bapalanganisamaki na bikolo na mokili mobimba bazonga elongo mpe bazongisa mboka na bango, esfandisami awa.

## Makoki mpona kokota kati na Pasika

Kati nab utu na Bolozi na kufa na bana nkulutu kati na Ejipito, Bayisalele babikisamaki na kufa na kotosaka Liloba na Nzambe. Kasi kokota kati na Pasika, basengelaki kokokisa makambo.

Yawe Alobelaki Mose mpe Alona ete, "Oyo ezali mobeko na Elekeli ete mopaya moko te akolia yango, nde moombo mosombi yon a mosolo akolia yango wana esili yo kokata ye ngenga. Mopaya soko mosali na lifuti akolia yango kati na ndako moko, okomema ndambo na mosuni yango na libanda te, mpe okobuka mokwa moko na yango moko te. Bato nioso na lingomba na Yisalele bakosala yango. Soko mopaya mofandi nay o alingi kotosa Elekeli epai na YAWE, tika babali na ye nioso bakatama ngenga, bongo akobelema mpe akosala yango. Ye akozala lokola moto na mokili yango. Moto na esute nde akolia yango te. Mobeko ekozala moko mpona moto na mokili mpe mpo na mopaya mofandi na bino" (Esode 12:43-49).

Kaka ba oyo bakatamaki ngenga nde bakokaki kolia elambo na Pasika, mpo ete kokatama ngenga ezali eloko na motuya mpona bomoi, mpe na molimo elatami na makambo na lobiko.

Kokatama ngenga ezali kolongolama na loposo na esute na nzoto na mobali mpe yango ekosalemaka o mokolo na 8 longwa na kobotama na babali nioso kati na Yisalele.

Genesis 17:9-10 elobi ete, "Nzambe Alobaki na Abalayama ete, "Yo okobatela kondimana na ngai, yo mpe bana nay o na nsima nay o kino nsuka na mabota na bango. Oyo ezali kondimana na ngai oyo ekobatela yo kati na Ngai nay o mpe bana nay o nsima nay o ete, mobali moko na moko kati na bino akokatama ngenga."

Na tango Nzambe Apesaki kondimana na Ye na mapamboli na Abalayama, Tata na kondima, Asengaki na ye asala kokatama na ngenga lokola elembo na kondimana. Ba oyo bakatamaki ngenga te bakokaki kozwa mapamboli te.

Bino bokokatama ngenga, mpe yango ekozala elembo na kondimana kati na Ngai na bino. Soko okomi na mikolo mwambe, mobali na mobali kati na bino akokatama ngenga, libota na libota, soko abotami kati na ndako na bino to asombami na misolo epai na bapagano baoyo bazali na libota nay o te, ye oyo abotami na ndako nay o, mpe oyo asombami na motuya na misolo bango nioso bakokatama ngenga. Bongo kondimana na ngNgai ezali kati na mosuni na bino lokola kondimana na seko. Mobali na esute, oyo akatami ngenga kati na mosuni nay ye te, akobomama kati na baton a ye mpo ete ye asili koboya kondimana na Ngai (17:11-14).

Bongo, mpo nini Nzambe Apesaki bango motindo na kokatama ngenga na mokolo na mwambe?

Na tango muana bebe abotami sika sima na ye kozala kati na libumu na mama na ye mpona ba sanza libwa, ekozala pete te mpona ye komikotisa kati na biloko nioso na sika zingazinga na ye mpo ete mokili ezali mpenza na bokeseni. Misisa mizali mpenza na bolembu mingi, kasi sima na mikolo sambo, bakomesana na mokili na sika, kasi ata bongo naino bakomi na komesana mpenza mingi te.

Soko esute ekatami na tango oyo, pasi ekozala moke mingi, mpe mpota ekokauka noki mingi. Kasi sima na muana kokola, loposo ekokoma makasi mpe yango ekosala pasi mingi.

Nzambe asalaki ete Bayisalele basala kokatama na ngenga na mokolo na 8 sima na mbotama, mpo ete ezala na kosunga mpona bopeto na pota mpe bokoli na mwana, na kokomisa yango na ngonga moko elembo na mobeko na Ye.

## Bokatami na ndenga, ezali na nzela moko na bomoi

Esode 4:24-26 elobi ete, "Yawe Azwamaki na ye na esika na kolala mpe Alingaki koboma ye. Bongo Sipola akamataki libanga na moputu mpe akataki ngenga na mwana mobali na ye mpe amamaki makolo na Mose na yango mpe alobaki ete, 'Solo ozali mpona ngai mobali na makila!' Bongo Yawe Atikaki ye. Ezalaki na ntango yango mwasi alobaki ete, 'Ozali mobali na makila, na ntina na kokata ngenga.'"

Mpo nini Nzambe Alingaki koboma Mose?

Tokoki kososola yango soki tososoli mbotama mpe bokoli na Mose. Na tango wana, mpona kobebisa mpenza baton a Yisalele, mobeko mopesamaki mpona koboma bana babotami sika nioso na Baebele.

Kati na tango oyo nioso, mama na Mose abombaki ye. Suka suka atiaki ye na kitunga mpe atiaki yango likolo na ebale na Nile. Kati na mokano na Nzambe, amonanaki na muana mwasi mokonzi na Ejipito. Yango ntina asengelaki na kokatama ngenga te.

Ata soki abengamaki lokola motambwisi na Esode, ye naino akatamaki ngenga te. Yango tina mwanje na Nzambe alingaki koboma ye. Na boye, bokatami na ngenga etali mpenza bomoi; soki moto naino akatami ngenga te azali na eloko moko te elongo na Nzambe.

Baebele 10:1 elobi ete, "Pamba te mibeko ezali kaka elilingi na makambo malingi koya; izali lolenge na solo na makambo na sembo te," mpe mobeko awa etalisi Kondimana na Kala, mpe makambo makoya' ezali Kondimana na Sika, mingi mingi Sango Malamu koyaka na nzela na Yesu Christu.

Elinlingi mpe eloko izali se moko, mpe ikoki kokabolama soko te. Na boye, mobeko na Nzambe likolo na kokatama ngenga kati na ekeke na Kondimana na Kala, oyo elobi été bango bakobomama kati na bato na Nzambe soki bakatami ngenga te, ekobi na kosalelama na biso kino na mokolo na lelo na lolenge moko.

## Bokatami na ngenga na nzoto mpe kokatama ngenga na motema

Molimo Mosantu Asungaka biso mpo ete tobika kati na solo mpo ete tokoka kolongola lokuta kati na motema.

Kokata ngenga na mitema na bison a lolenge oyo ezali kolanda mobeko kati na Kondimana na Kala mpona kokatama ngenga na nzoto. Ezali mpe lolenge nzela na kobatela Pasika.

Bomibulisa epai na YAWE, mpe bolongola mbindo na mitema na bino (Yelemia 4:4).

Nini yango elakisi na kolongola esute na motema? Ezali kobatela Liloba nioso na Nzambe eye elobeli biso ete tosala, kosala te, kobatela, to mpe kolongola makambo misusu.

Tokosalaka kaka te makambo oyo Nzambe Alobeli biso ete tosala te lokola "Boyina te, bosambisaka te to bokatelaka mabe te, boyibaka te, mpe bosalaka ekobo te." Lisusu, tokolongolaka kaka mpe tokobatela na tango Alobeli biso ete tolongola to mpe tobatela eloko moko, lokola "kolongola mabe na lolenge nioso, kobatela Sabata, kobatela mibeko na Nzambe."

Lisusu, tokosalaka kaka nioso oyo Alobeli na biso ete tosala lokola "Koteya Sango Malamu, kobondela, kolimbisa, kolinga, mpe bongo na bongo." Na kosalaka bongo, tokolongolaka bozangi solo na lolenge nioso, mabe, kozanga sembo, makambo na bosoto, mpe molili kati na mitema na biso mpe topetola yango, nde bongo tokotondisa yango na solo.

Kokatama ngenga na motema mpe Lobiko na Mobimba

Na tango na Mose, Pasika etiamaki mpona Bayisalele kokima kufa na bana na nkulutu liboso na Kobima. Bongo, elakisi te ete moto abikisami mpona libela kaka mpo ete aliaka Pasika.

Soki babikisamaki mpona seko na nzela na Pasika, bongo Bayisalele nioso oyo babimaki na Ejipito bakokaki kokota kati na mokili ekotangaka miliki mpe mafuta na nzoi, Mokili na Kanana.

Kasi solo ezalaki ete bakolo, na kolongola Yosua na Kalebe, ba oyo bazalaki na likolo na 20 na tango wana na Kobima, batalisaki kondima te mpe misala na botosi. Bazalaki mabota oyo basengelaki kofanda kati na lisobe mpona ba mbuma ntuku minei mpe bakufa kuna, na kozanga komona mabele epambolama na Kanana.

Ezali lolenge moko lelo. Ata soki tondimeli Yesu Christu, mpe tokomi bana na Nzambe, ekozala na koko te mpe na Garanti na libela. Yango elakisi kaka ete tokoti kati na mondelo na lobiko.

Na bongo, kaka lolenge ba mbula ntuku minei na momekano esengelaki mpona Bayisalele bakota kati na Mokili na Kanana, mpona kozwa lobiko na libela tosengeli koleka na nzela na kokata ngenga elongo na Liloba na Nzambe.

Na tango tondimeli Yesu Christu lokola Mobikisi na biso moko, toyambi Molimo Mosantu. Kasi, 'koyamba Molimo Mosantu' elakisi te ete motema na biso ekopetolama na mobimba na yango. Tosengeli kokoba na kokata ngenga kino tango tokokoma lobika na mobimba. Kaka na tango tobateli mitema na biso, oyo ezali moto na bomoi, na nzela na kokatama ngenga na motema, tokoka kokoma na lobiko na mobimba.

## Motuya na Kokatama Ngenga na Motema

Kaka na tango tosukoli masumu mpe mabe na biso nioso na Liloba na Nzambe mpe tokati yango na mopanga na Molimo Mosantu, nde tokoki kokoma bana bulee na Nzambe mpe tobika bomoi eye esikolama na makama.

Tina mosusu wapi tosengeli na kokata ngenga na mitema na biso ezali mpona kolonga elonga kati na bitumba na molimo. Ata soki ekomonanaka te ezali na bitumba makasi kati na milimo na bolamu iye ezali na Nzambe mpe na milimo mabe.

Baefese 6:12 elobi ete, "Pamba te tozali kobunda na mosuni mpe na makila te, kasi na bakonzi na likolo na nse, mpe na ba nguya, mpe na bakambi na molili na ekeke oyo, mpe na milimo mabe na bisika na likolo."

Kolonga kati na etumba oyo na molimo, tosengeli solo kozala na mitema mipetolama. Ezali mpo ete na mokili na molimo, nguya efandisami na kozanga masumu. Yango tina Nzambe Alingi bokatami ngenga na mitema na biso mpe Alobeli na biso mbala mingi mpona motuya na kokata ngenga.

Balingami soko mitema na biso mikokweisaka biso te, tozali na molende liboso na Nzambe mpe soko tokolomba eloko nini, tokozua yango epai na Ye mpo ete tokokokisa malako na Ye mpe makambo mazali malamu na miso na Ye (1Yoane 3:21-22)

Mpona biso kozwa mapamboli na makambo matali bomoi

lokola ba bokono mpe bobola, tosengeli kokata ngenga na mitema na biso. Kaka na tango tozali na mitema mipetolama, nde tokozala na makasi liboso na Nzambe mpe tozwa eloko nioso oyo tozali kosenga.

## Pasika na Elambu Esantu

Na boye, kaka na tango tokoti na bokatami ngenga nde tokoka kokota kati na Pasika. Yango esangana na Elambo Esanto na lelo. Pasika ezali elambo na kolia mosuni na muana na mpate, mpe Elambo Esanto ezali kolia lipa mpe komela vigno, yango etalisi mosuni mpe makila na Yesu.

Bongo Yesu alobaki na bango ete, "Bongo Yesu Alobi na bango ete, 'Solo solo Nazali koloba na bino ete, Soko bokolia mosuni na Mwana na Moto te mpe bokomela makila na Ye te, bokozala na bomoi kati na bino mpenza te. Ye oyo akoliaka mosuni na ngai mpe akomelaka makila na Ngai azali na bomoi na seko mpe Ngai Nakosekwisa ye na mokolo na suka.

Awa, 'Muana na Moto ezali Yesu, mpe mosuni na Muana na Moto etali ba buku 66 kati na Biblia. Kolia mosuni na Muana na Moto elakisi kosalela Liloba na solo na Nzambe ikomama kati na Biblia.

Lisusu, kaka na lolenge tozali na bosenga na bimeli mpo ete

isunga bison a kokitisa bilei, na tango tozali kolia mosuni na Muana na Moto, tosengeli mpe komela na ngonga moko mpo ete ekoka na kokitisama malamu.

Komela makila na Muana na Moto elakisi kondimela mpenza mpe kosalela Liloba na Nzambe. Sima na koyoka mpe koya na koyeba Liloba, soki tozali kosalela yango te, bongo Liloba na Nzambe ezali na osenga moko te mpona biso.

Na tango tososoli Liloba na Nzambe kati na ba buku ntuku motoba na motoba kati na Biblia mpe tosaleli yango, bongo mokano na solo ekoya kati na motema na biso mpe ekopanzana lokola vitamin ezindisamaka kati na nzoto. Bongo, masumu mpe mabe mikokoma lokola bosoto mpona kobimisama na nzongo, mpo ete tokoma bato na bosolo na koleka mpe tozwa bomoi na seko.

Ndakisa, soki tokomela vitamin na solo eye ebengami 'bolingo' mpe tosaleli yango, Liloba oyo ekokitisama lokola vitamin kati na biso. Bongo makambo oyo ezali na kotelemela lokola koyina, likunia, zua makokoma lokola bosoto na kolongola. Bongo tokoya na kozwa motema ekoka na bolingo.

Lisusu, na lolenge tokotondisa motema na bison a kimia mpe boyengebene, koswana, kowelana, bokabwani, koyoka mabe kati na motema, mpe bozangi sembo ikolongwa.

## Makoki Mpona Kokota Kati na Elambo Esantu

Na tango na Kobima, ba oyo bakatamaki ngenga bazalaki na makoki na kokota kati na Pasika, nde bakokaki koboya Kufa na bana nnkulutu. Na lolenge moko, lelo, na tango tondimeli Yesu Christu lokola Nkolo mpe Mobikisi na biso mpe toyambi Molimo Mosantu, tobetami elembo na bana na Nzambe, mpe tozali na makoki na kokota kati na elambo Esantu.

Kasi Pasika ezalaki kaka mpona lobiko na kufa na bana nklutu. Basengelaki kotambola kati na lisobe mpona lobiko na libela. Na lolenge moko, ata soki toyambi Molimo Mosantu mpe tokoki kokota kati na Elambo Esanto, tosengeli lisusu kokota kati na nzela kozwa lobiko na seko mpona libela. Mpo ete tokomi na ekuke na lobiko na kondimelaka Yesu Christu, tosengeli kotosa Liloba na Nzambe kati na ba bomoi na biso. Tosengeli kotambola na nzela na bikuke na bokonzi na Lola mpe na lobiko na seko.

Soki tokosalaka masumu, tokoki te kokota kati na elambo esantu mpona kolia mosuni mpe komela makila na Nkolo Bulee. Tosengeli naino kotala na sima kati na biso moko, totubela na masumu na biso nioso oyo tosalaki, mpe topetola mitema na biso mpona kokota kati na Elambo Esantu.

Na bongo, soko nani akolia lipa mpe akomela nkopo na

Nkolo na motindo mobongo te, azali na ekweli na ntina na nzoto mpe na makila na Nkolo. Tika ete moto amimeka ye mpenza mpe alia lipa mpe amela kopo. Pamba te ye oyo akoliaka mpe akomelaka, akomiliela mpe akomimela ekweli, soko akososola nzoto na Nkolo te (1 Bakolinti 11:27-29).

Basusu bakolobaka ete kaka ba oyo bazwi libatisi na main de bakoki kokota kati na Elambo na Molimo Mosantu. Kasi na tango tondimeli Yesu Christu, toyambi MolimO Mosantu lokola libonza. Tozali biso nioso na makoki na kokoma bana na Nzambe.

Na boye, soki toyambaka MolimoMosantu mpe tokomi bana na Nzambe, tokoki kokota kati na Elambo Esantu sima na kotubela na masumu na biso, ata soki tobatisami naino na mai te.

Na nzela na Elambo Esantu, tososoli lisusu ngolu na Nkolo oyo abakamaki na ekulusu mpe atangisaki makila ma ye mpona biso. Tosengeli mpe komitala biso mpenza mpe toyekola mpe tosalela Liloba na Nzambe.

1 Bakolinti 11:23-25 elobi ete, "Mpo ete yango ezuaki ngai epai na Nkolo mpe epesi ngai bino ezalaki ete, nab utu wana ekabakami Ye, Nkolo Yesu Akamataki lipa mpe esili ye kotonda, Abukaki yango, Alobi ete, ' Oyo ezali nzoto na ngai mpo na bino. Bosalaka boye mpo na ekaniseli na Ngai. Bobele bongo na kopo, sima na kolia, Alobi été, 'kopo oyo ezali kondimana na

sika kati na makila na Ngai. Bosalaka boye na mbala na mbala ekomelaka bino yango mpona ekaniseli na Ngai.

Na boye, na sengi na bino ete bososola ntina na solo mpenza na Pasika mpe Elambo Esantu mpe nokinoki bolia nzoto mpe bomela makila na Nkolo mpo ete bokoka kolongola mabe na lolenge nioso mpe bokokisa na mobimba mpenza bokatami ngenga na motema.

# Chapter 9

# Esode mpe Elambo na Mapa mazangi Mfulu

## Esode 12:15-17

*Bokolia Mapa mazanga mfulu mikolo sambo. Na mokolo na liboso bokolongola mfulu na ndako na bino, mpo ete soko moto akolia eloko ezali na mfulu, longwa na mokolo na liboso kino na mokolo na sambo, moto yango akolongolama na Yisalele. Na mokolo na liboso bokozala na koyangana na bulee mpe na mokolo na nsambo bokozala na koyangana na bulee. Mosala ekosalema na mikolo yango te, nde bokobongisa kaka kolia na moto na moto. Bokobatela elambo na lipa ezangi mfulu, mpo ete na mokolo oyo mpenza Nabimisi bibele na bino na mokili na Ejipito. Yango wana bokobatela mokolo oyo, na mabota na bino niso, lokola mobeko na seko"*

## "Tika ete tolimbisa, kasi tobosana te."

Ezali maloba makomama na ekute na Musee na Holocauste na Yad Vashem na Yelusaleme. Ezali kobatela na bongo ete ba million motoba na bato babomamaki na ba Nazi kati na Etumba Monene na Mibale kati na Mokili Mobimba, mpe ete babandela eloko na lolenge wan ate.

Lisituale na Yisalele ezali liituale na kobanza. Kati na Biblia, Nzambe Alobeli bango ete bakanisa lobi eleka, bakanga yango kati na bongo na bango, mpe babatela yango mpona bikeke.

Sima na bana na Yisalele kobika na kufa na bana babali nkulutu na kobatelaka Pasika mpe babimaki na Ejipito, Nzambe Alobelaki bango ete babatela Elambo na Mapa Mazangi Mfulu. Ezali mpo na bango ete babatela mpona seko mokolo na kosikolama na boumbo kati na Ejipito.

## Limbola na Molimo na Esode

Mokolo na Kobima ezali kaka te mokolo na bosikolami eye bato na Yisalele bazongelaki bakoto na ba mbula eleka.

Kati na Ejipito esika wapi baton a Yisalele babikaka kati na baumbo elakisi 'mokili oyo' ezali nan se na kokonzama na moyini zabolo mpe Satana. Kaka lolenge baton a Yisalele banyokwamaki mpe babetamaki na tango na boumbo na bango na Ejipito, bato banyokwamaka na ba pasi mpe mawa eye moyini zabolo mpe

Satana amemelaka bango na tango bayebi likolo na Nzambe te.

Lolenge baton a Yisalele bamonaki ba Bolozi Zomi eye esalemaki nan a nzela na Mose, bayaki na koyyeba likolo na Nzambe. Balandaki Mose libanda na Ejipito kino na mokili na elaka na Kanana, oyo Nzambe Alakaka na nkoko na bango Abalayama.

Yango ezali lolenge moko na baton a lelo ba oyo bamesana kobika na kozanga koyeba Nzambe, kasi bayaki na kondimela Yesu Christu mpe bakomi bana na Nzambe.

Lisusu, mobembo na baton a Yisalele na mokili na Kanana, esika wapi ezali kotangisa miliki mpe mafuta nzoi, ezali na bokeseni ten a bandimi oyo bazali kosala mobembo na kondima kino na bokonzi na Lola.

## Mokili na Kanana, Kotangisaka Miliki mpe Mafuta Nzoi

Kati na nzela na Esode, Nzambe Atambwisaki Bayisalele na mbala moko te kati na mokili na Kanana. Basengelaki kobika kati na lisobe mpo ete ezalaki na bikolo makasi babiangami na Bafilisitia na nzela eleki mokuse na Kanana.

Mpona koleka mokili wana, basengelaki kobunda etumba na Bafilisitia makasi. Nzambe Ayebaki yango, ete soki basalaki yango, bato oyo bazalaki na kondima te bakoluka kozonga na Ejipito.

Na lolenge moko, ba oyo bawuta kaka kondimela Yesu Christu epesamelaka na bango kondima na mbala moko te. Bongo, soki bakutani na momekano eye ezali monene koleka ekolo na nguya makasi na Bafilisitia mpe baton a yango, bakokia koleka yango te mpe sukasuka bakobwakisa kondima na bango.

Yango tina Nzambe Alobaki ete, "Emekeli moko te ekomeli bino oyo ezangi epai na bato nioso; Kasi Nzambe azali sembo ; Ye oyo Akotika bino te ete bomekama koleka nguya na bino, kasi esika moko na emekeli, akobongisa ekimelo ete bokoka koyika mpiko." (1 Bakolinti 10:13).

Kaka lolenge baton a Yisalele batambolaki kati na lisobe kino tango bakomaki kati na mokili na Kanana, ata sima na biso kokoma bana na Nzambe, ezali na liboso na biso mobembo na kondima kino tango tokokoma kati na Bokonzi na Lola, mokili na Kanana.

Ata soki lisobe lizalaka pasi ba oyo bazalaki na kondima mpe bazongaki kati na Ejipito te mpo ete batalaki liboso na komonaka bonsomi, kimia, mpe bofuluki kati na mokili na Kanana eye bakokaki kosepela kati na Ejipito te. Ezali lolenge moko mpona biso lelo.

Ata soki na mbala misusu tosengeli kotambola kati na nzela moke mpe na minyoko, tokondimaka nkembo kitoko na Bokonzi na Lola. Bongo, tomonaka momekano na kondima lokola pasi te, kasi tokolekela nioso na lisungi na nguya na Nzambe.

Sukasuka, baton a Yisalele babandaki mobembo na mokili

na Kanana, mokili ekotangisaka miliki mpe mafuta na nzoi. Batikaki na sima mokili oyo wapi bazalaki kobika mpona ba mbula 400 mpe babandaki kotambola na bango na kondima nan se na bokambi na Mose.

Ezalaki na bato bazalaki kozwa ba ngombe. Basusu bazalaki kotondisa bilamba, palata, mpe wolo oyo bazwaki epai na Baejipito. Basusu bazalaki kokanga farine ezanga mfulu na tango basusu bazalaki kolandela bana mike mpe ba mibange. Etuluku monene na Bayisalele ba oyo bazalaki komimema nokinoki mpona kobima, ezangaki suka.

Baton a Yisalele batambolaki longwa na Lamesese kino Sukote, bazalaki babali nkoto nkama motoba batambolaki na makolo, kotanga bana mpe basi te. Ebele na baton a ndenge na ndenge ebutaki na bango elongo, mpe bibwele mingi, mpe bitonga na bampate mpe bitonga na ba ngombe.Batumbaki mikate mizangaki mfulu na na kwanga mobesu ikamataki bango na Ejipito mpo ete yango ezangaki mfulu pamba te babimisamaki na Ejipito na lombango mpe bakokaki koumela te, boye babongisaki kolia mpo na bango mpenza te (Esode 12:37-39).

Na mokolo oyo mitema na bango mitondisamaki na bonsomi, elikya mpe lobiko. Mpona kosepela mokolo oyo, Nzambe Apesaki na bango mobeko na kobatela Elambo na MapaMazanga Mfulu kati na bikeke nioso.

## Elambo na Mapa Mazanga Mfulu

Lelo, kati na Bokristu, tosepelaka Pasika na esika na Elambo na MAPA Mazanga Mfulu. Pasika ezali elambo oyo esepelamaka mpona kopesa matondi epai na Nzambe mpona kopesa bolimbisi na masumu na biso nioso na nzela na kobakama na Yesu na Ekulusu. Lisusu, tokosepelaka yango lokola mokolo wapi ekokaki mpona biso kobima na molili mpe kati na pole na nzela na lisekwa.

Elambo na Mapa Mazanga Mfulu ezali moko na ba Feti misato mileki kati na Yisalele. Ezali mpona kobanza likambo wapi babimaki na libanda na Ejipito na loboko naNzambe. Kobanda nab utu na Pasika, baliaki mapa mazangi mfulu mpona mikolo sambo.

Ata sima na ye na Baton a Ejipito banyokwamaki na ebele na ba bolozi, Falo abongolaki makanisi na ye te. Sukasuka Ejipito esengelaki konyokwama kufa na bana babali kulutu mpe Falo ye moko mpe abungisaki muana na ye mobali na liboso. Falo abengisaki Mose nokinoki mpe Alona mpe alobelaki na bango ete balongwa na Ejipito na mbala moko. Bongo, bazalaki na ngonga na kovimbisa mapa na mfulu te. Yango ezalaki ntina na bango kolia mapa mazangi mfulu. Lisusu Nzambe Atikaki bango balia mapa mazangi mfulu mpo ete bakoka kobanza ba tango na minyoko mpe bapesa matondi mpona kosikolama na boumbo.

Pasika ezali elambo na kobanza kobikisama na kufa na bana

babali nkulutu. Baliaki mpate, matiti bololo, mpe mapa mazanga mfulu. Elambo na Mapa mazangi mfulu ezali mpona kobanza likambo eye baliaki Mapa Mazanga Mfulu mpona sanza moko kati na lisobe sima na bango kobima nokinoki na Ejipito.

Lelo, Bayisalele bazwaka mposo mobimba na kopema mpona kobatela Pasika elongo na Elambo na Mapa Mazanga Mfulu.

Okolia lipa na mfulu na yango elongo te; Okolia yango mikolo sambo na lipa ezangi mfulu elongo, lipa na bolozi (mpo ete yo obimaki na mokili na Ejipito na kokima na motema likolo), na ntina ete okanisa mikolo na bomoi nay o nioso mokolo yango obimaki na mokili na Ejipito.

## Ntina na Molimo na Elambo na Mapa Mazanga Mfulu

Bokolia Lipa lizangi Mfulu mikolo sambo, na mokolo na liboso bokolongola mfulu na ndako na bino, mpo ete soki moto akolia eloko ezali na mfulu longwa mokolo na liboso kino na mokolo na sambo, moto yango akolongolama na Yisalele (Esode 12:15).

Awa, 'mokolo na liboso' etalisi mokolo na lobiko. Sima na bango kobikisama na kufa na bana babali kulutu bana ba Yisalele basengelaki kolia mapa mazanga mfulu mpona mikolo sambo. Na lolenge moko, sima na biso koyamba Yesu Christu mpe koyamba Molimo Mosantu, tosengeli na molimo kolia mapa mazangi mfulu mpona kokoma na lobiko na kokoka.

Kolia mapa mazanga mfulu na molimo elakisi koboya mokili mpe kokamata nzela moke. Sima na biso kondimela Yesu Christu, tosengeli komikitisa biso mpenza mpe tokened na nzela moke mpona kokoma na lobika na kokoka na mitema misokema.

Kolia mapa na mfulu esika na mapa mazanga mfulu, ezali kozwa nzela monene mpe na pete na kolandaka makambo na pamba na mokili oyo lolenge moto akomona yango esengeli. Solo mpe, moto oyo akokamata nzela oyo akobikisama te. Yango tina Nzambe Alobi ete ba oyo bakolia mapa na mfulu bakolongolama na Yisalele.

Bongo, nini ezali malakisi oyo mapa mazanga mfulu makopesaka na biso lelo?

Yambo, tosengeli na tango nioso kobanza mpe kopesa matondi mpona bolingo na Nzambe mpe ngolu na lobiko eye tozwaki na pamba kati na kosikolama na Yesu Christu.

Bayisalele bakanisaka tango na boumbu kati na Ejipito na koliaka mapa mazanga mfulu mpona mikolo motoba mpe kopesa matondi epai na Nzambe mpona kobikisa bango. Na lolenge oyo, biso bandimi, ba oyo tozali Bayisalele na molimo, tosengeli kokanisa ngolu mpe bolingo na Nzambe oyo Atambwisa bison a na nzela na bomoi na seko mpe topesa matondi na makambo nioso.

Tosengeli kokanisa mokolo oyo tokutanaki mpe toyokaki Nzambe mpe mokolo oyo tobotamaki na sika na mai mpe Molimo mpe topesa matondi epai na Nzambe kati na kobanzaka ngolu na Ye. Yango ezali lolenge moko na kobatela etape na molimo na Elambo na Mapa Mazangi Mfulu. Ba oyo bazali mpenza malamu kati na motema bakobosana soko moke te ngolu oyo bango bazwaki epai na Nkolo. Yango ezali mosala na moto mpe yango ezali mosala na motema kitoko na bolamu. Na motema oyo malamu, ata pasi na lolenge nini makambo na sik'oyo makoki komonana, tokotikala kobosana bolingo mpe ngolu na Nzambe te kasi tokopesa matondi mpona ngolu na Ye mpe tosepela tango nioso.

Ezalaki likambo na Habakuku, oyo azalaki na mosala na tango na bokonzi na Mokonzi Yosia ba mbula 600 Liboso na Klisto.

Pamba tea ta nzete na mosuke ebimisi felele te, mpe mbuma mizali na miwiti te, ata libonza na nzete na elaya ikozanga mpe bilanga ikozwisa bilei te; ata etonga ekozengama na ebatelelo mpe bibwele bikozala lisusu kati na bifandelo te, ata bongo nakosepela na Yawe, nakoyoka bisengo na Nzambe na lobiko na ngai (Habakuku 3:17-18).

Mboka na ye Yuda esengelaki kokutana na likama na Bakaladi (Baton a Babilona), mpe Mosakoli Habakuku apesaki masanjoli na matondi epai na Nzambe.

Na bongo na koboya kotala makambo tozwami na yango kati na bomoi, kaka na likambo moko ete tobikisami na ngolu na Nzambe na kofuta eloko moko te, tokoki kopesa matondi longwa nan se na mitema na biso.

Na mibale, tosengeli te kobika bomoi na bison a Kristu na momesano to mpe kozonga sima na lolenge na bison a kala to mpe te kobika bomoi na biso kati na Kristu eye ezali na kokende liboso te to mpe mbongwana te.

Kolandana na bomoi na kokamwisa na Bakristu ezali ete tofanda lolenge tozali. Ezali bomoi na kozala esika moko na koningana te mpe na kobogwana te. Elakisi été tozali na kondima na pio te mpe moto te, ezali kondima na momesano. Ezali kotalisa momesano kati na bondimi, na kozanga na kokata ngenga na mitema na biso.

Soki tozali malili, tokoki kozwa etumbu na lolenge moko epai na Nzambe mpo été tokoka kombongwana mpe tokomisama sika. Kasi soki tozali malili, tokomikotisa kati na mokili mpe tokomeka kolongola masumu te. Kati na koyeba makambo tokolongwa na Nzambe mpenza na mobimba te mpo été toyamba Molimo Mosantu mpe toyebi malamu mpenza été Lola mpe Lifelo ezali.

Soki tozipoli bosuki na biso, tokobondela epai na Nzambe mpona yango. Kasi ba oyo bazali na moto mpe na pio te bakolakisaka makasi moko te. Bakokoma kaka 'bakendi na lingomba'. Bakoki kozala na mitungisi mpe bayoka kilo mpe kozanga kimia kati na mitema na bango, kasi na koleka na tango, ata koyoka yango ikolimwa.

"Bongo awa ezali yo mwa moto moke, nde na moto te, na mpio mpe te, etikali moke Nakosanza yon a monoko na Ngai" (Emoniseli 3:16). Lolenge elobami, bongo, bango bakobikisama te. Yango tina Nzambe Asalaka ete tobatela ebele na bilambo na tango na tango mpona kotala kondima na biso mpe tokoma na etape kati na kondima eye ekomeli mpenza mpe ekomi na bokoki.

Misato, tosengeli tango nioso kobatela ngolu na bolingo na liboso. Soki tobungisi yango, tosengeli kobanza likolo na esika yango biso tokweyaki, totubela, mpe nokinoki tozongela misala na bison a liboso.

Moto nani oyo andimeli Nkolo Yesu akoki komona ngolu na bolingo na liboso. Ngolu mpe bolingo na Nzambe ezali mpenza monene ete mokolo na mokolo kati na bomoi na ye ekozala esengo mpe kosepela yango moko.

Kaka lolenge baboti bazelaka bana na bango bakola, Nzambe mpe Alikiaka mpe bana na Ye bazala na kondima makasi na koleka mpe bakoma kati na etape eleki monene kati na kondima. Kasi soki tobungisi ngolu na bolingo na ebandeli na esika moko, bopikiliki mpe bolingo na biso ekoki kokita. Ata soki tozali kobondela, tokoki kaka kosala yango kaka na lolenge na momesano.

Kino tango tokomi kati na etape na kobulisama mobimba, soki topesi motema na biso na Satana, tokoki kobungisa makasi na bolingo na biso na liboso , tosengeli kososola tina mpe nokinoki totubela mpe tolongwa na yango.

Bato mingi balobaka ete bomoi kati na Kristu ezali nzela mooke mpe na pasi, kasi Dutelonome 30:11 elobi ete, "Mpo ete lilako oyo elakeli Ngai yo lelo eleki na makasi mpona yo te mpe ezali mosika te." Soki tososoli bolingo na solo na Nzambe, mobembo na bomoi kati na kondima ekozala pasi te. Ezali mpo été minyoko na lelo mikoki te na kopimama na nkembo oyoekopesammela biso na sima. Tokoki kozala na esengo na kokanisa nkkembo yango.

Na bongo, lokola bandimi oyo bazali kobika na mikolo na suka, tosengeli tango nioso kotosa Liloba na Nzambe mpe tobika kati na pole mbala nioso. Soki tokokamata nnzela monene na mokili te kasi nde nzela moke na kondima, tokokoka kokota kati na mokili na Kanana etangisaka miliki mpe mafuta na nzoi.

Nzambe Akopesa na biso ngolu na lobiko mpe esengo na bolingo na liboso. Akopambola biso mpo ete tokokisa kobulisama mpe na nzela na kotambola na biso kati na kondima, akondimela biso ete tokamata bokonzi na Lola na seko na makasi.

# Chapitre 10

# Bomoi na Botosi mpe Mapamboli

## Dutelonome 28:1-6

*Soko okotosa mongongo na YAWE Nzambe nay o mpe okosenjela ete osala malako na ye nioso oyo elakeli ngai yo lelo, mbe Yawe Nzambe nay o Akonetola yon a likolo na mabota nioso nan se. Mapamboli oyo nioso makokwela yo mpe makobila yo, soko okotosa mongongo na YAWE Nzambe na yo. Okopambolama na mboka mpe okopambolama na elanga. Bana nay o bakopambolama, mpe mbuma na elanga na yo, mpe bana na bibwele nay o, bana na bangombe na yo, mpe bana na bampate nay o. Ekolo nay o mpe esalelo nay o na kwanga ikopambolama. Okopambolama nan tango na kokota nay o mpe okopambolama nan tango na kobima nay o"*

Lisituale na Kobima na Yisalele epesi biso liteyo na motuya. Kaka lolenge ba bolozi eyelaki Falo mpe Ejipito likolo na bozangi kotosa na bango, na nzela na mokili na Kanana baton a Yisalele basengelaki na konyokwama mimekano mpe kozanga kozwa bofuluki mpo ete bakendaki libanda na mokano na Nzambe.

Babikisamaki na bolozi na kufa na bana nkulutu na nzela na Pasika. Kasi, na tango bazangaki main a komela mpe bilei na kolia na nzela na bango na Kanana, babandaki koyimayima.

Basalaki ekeko na ngombe na wolo mpe bakendaki kongumbamela yango, mpe bbapessaki sango mabe mpona Mokili na Elaka; batelemelaki ata Mose. Nioso oyo ezalaki mpo ete bango batalaki mokili na Kanana na miso na kondima te.

Lokola lifuti, libota na liboso na Esode, kolongoola Kallebe mpe Yosua, bango nioso bakufaki kati na lisobe. Kaka Yosua mpe Kaleb nde bandimelaki elaka na Nzambe mpe batosaki Ye, nde bakotaki na Mokili na Kanana elongo mabota na mibale na Esode.

## Lipamboli na Kokota Kati na Mokili na Kanana

Mpo ete mabota na liboso na Esode bazalaki kati na mabota eye ebotamaki mpe ekolisamaki kati na bobiki na bapagana Baejipito mpona ba mbula 400, babungisaki mingi na kondima na bango epai na Nzambe. Lisusu, ebele na mabe malonamaki kati na mitema na bango na tango balekelaki minyoko mpe ba pasi.

Kasi Bayisalele kati na mabota na mibale na Kobima balakisamaki Liloba na Nzambe wuta tango bazalaki mike mingi. Mpo ete bamonaki misala mingi na nguya na Nzambe, bazalaki na bokeseni mingi na mabota na batata na bango.

Basosolaki mpona nini mabota na baboti na bango bakokaki kokende kati na Mokili na Kanana te kasi basengelaki kofanda kati na lisobe mpona ba mbula 40. Bazalaki mpenza na mposa na kotosa Nzambe mpe batambwisi na abngo na kondima na solo.

Na bokeseni na mabota na baboti na bango ba oyo bazalaki tango nioso koyimayima ata sima na bango komona ebele na misala na Nzambe, bazwaki mokano na kotosa mpenza. Batatolaki ete balingaki kotosa mpenza Yosua oyo akitanaki na Mose na mokano na Nzambe.

Lokola etosaki biso Yosua na makambo nioso, tokotosa yo boye. Kasi tika bobele YAWE Nzambe nay o Azala nay o elongo lokola ezalaki Ye na Mose! Ue oyo aboyi kotosa lilako nay o mpe asali monoko nay o te, soko olakeli ye nini, okobomama. Kasi zala bobele makasi mpe yika mpiko (Yosua 1:17-18).

Ba mbula 40 kati na lisobe esika wapi Bayisalele bawayakiwayaki, ezalaki kaka ntango na etumbu te. Ezalaki tango na kokembisama na molimo mpona mabota na mibale na Esode ba oyo basengelaki kokota na mokili na Kanana.

Liboso na Nzambe kopesa na biso mapamboli, Andimaka kokenbisama na molimo na lolenge na lolenge mpo ete tokoka kozwa kondima na molimo. Ezali mpo ete soki kondima na molimo ezali te, tokoki tr kozwa lobiko mpe tokoka te kokende na Bokonzi na Likolo.

Lisusu, soki Nzambe Apesi biso mapamboli liboso na biso kozala na kondima na molimo, ezali ete mingi kati na biso bakozongela mokili. Bongo, Nzambe Azali kolakisa biso misala na nkamwa na nguya na Ye, mpe na ba tango misusu Akondimela biso mimekano makasi mpo ete kondima na biso ikoka kokola.

Efelo na liboso libota na liboso bakutanaki na yango ezalaki na ebale na Yaladene. Ebale na Yaladene. Ebale na Yaladene ezalaki koleka kati na Mokili na Moaba mpe na mokili na Kanana, mpe na tango wana, mbonge ezalaki makasi mpe emesanaki na kozipa mokili pembeni na yango.

Awa Nzambe Alobaki nini? Alobelaki na banganga Nzambe ete bamema Sanduku na Mibeko mpe batambola na liboso mpe bazala baton a yambo na konyata main a ebale. Na tango bato bayokaki mokano na Nzambe na nzela na Yosua, batambolaki na esika na ebale na Yaladene na kozanga kobanzabanza, na banganga Nzambe o liboso.

Mpo ete bandimelaki na Nzambe na boyebi nioso mpe na nguya nioso, bakokaki kotosa na tembe moko te to koyimayima. Na bongo, na tango makolo na banganga komemaka Sanduku enyataki mai na libongo na ebale, kokita na mai etikaki mpe bakokaki kokatisa yango lokola na mokili mokauka.

Lisusu, babukaki mboka na Yeliko oyo elobamaki ete ezalaki lopango makasi eye ekokaki kozwama te. Na bokeseni na mokili na lelo, mpo ete bango bazalaki na bibundeli makasi te lokola lelo, ekokaki mpenza kosalema te ete babuka lopango makasi boye, oyo solo ezalaki bifelo mibale na esika moko.

Ata na makasi na bango nioso, ekokaki kozala elooko na makasi mpenza mpona kokweyisa yango. Kasi Nzambe Alobelaki bango ete batambola kaka zingazinga na mboka na mbala moko na mokolo mpona mikolo motoba, mpe na mokolo na sambo, kolamuka tongotongo mpe kotambola zingazinga na yango mpona mbala sambo, nde bongo konganga na mongongo makasi.

Kati na likambo esika wapi mapinga na bayini matelemaki ngwi na kosenjela likolo na lopango, mabota na mibale na Esode babandaki kotambola zingazinga na efelo na mboka na kobanzabanza moko te.

Ekokaki kosalema ete bayini na bango bakoka kobeta ebele na ba tolotolo epai na bango to mpe bakokaki kolandisa kokotelama makasi na ngambo na bango. Ata kati na esika wana na nsomo batosaki elongo na Liloba na Nzambe mpe batambolaki kaka pembeni na mboka. Ata lopango makasi esengelaki na kokweya na tango baton a Yisalele batosaki Liloba na Nzambe.

## Kozwa Mapamboli na Nzela na Botosi

Botosi ekoki kolekela likambo na lolenge nioso. Ezali nzela oyo esengeli mpona kokitisa nguya na kokamwisa na Nzambe. Kotala lolenge na bato, tokoki kokanisa ete ekoki te kosalema mpona kotosa makambo misusu. Kasi na miso na Nzambe, ezali na eloko moko te oyo tokoka kotosa te. Mpe Nzambe Azali na

Nguya Nioso.

Mpona kotalisa botosi na lolenge oyo, kaka lolenge tosengeli kotumba mpate na moto, tosengeli koyoka mpe kososola Liloba na Nzambe na mobimba na yango na lisungi na Molimo mosantu.

Lisusu, kaka lolenge baton a Yisalele babatelaki Pasika mpe Elambo na Mapa Mazanga Mfulu na bikeke, tosengeli tango nioso kobanzaka Liloba na Nzambe mpe kobatela yango kati na ba bongo na biso. Mingi mingi, tosengeli kokoba na kokataka ngenga na mitema na bison a Liloba na Nzambe mpe tolongola masumu mpe mabe kati na kopesaka matondi mpona ngolu na lobiko.

Kaka wana nde ekopesamela biso bongimi na solo mpe kolakisa misala na botosi mikoka.

Ezali na makambo tokoki kotosa te soki tokanisi na makambo tokutana na yango, boyebi, to mpe lolenge na bato nioso. Kasi mokano na Nzambe mpona biso ezali kokoba na kotosa ata na makambo mana. Na tango totalisi botosi na lolenge wana, Nzambe Akotalisa biso misala makasi mpe mapamboli na kokamwisa.

Kati na Biblia, ebele na bato bazwaki mapamboli na nkamwa na nzela na botosi. Daniele elongo na Yosefe bazwaki mapamboli mpo ete bazalaki na kondima na ngwi epai na Nzambe, mpe ata liboso na kufa, babatelaki kaka Liloba na Nzambe. Lisusu na nzela na bomoi na Abalayama, Tata na Kondima, tokoki kososola lolenge nini Nzambe Asepelaki na ba oyo bazalaki kotosa.

## Mapamboli Mapesamelama na Abalayama

Yawe Alobelaki na Abalayama ete, "Longwa na mokili nay o mpe na bandeko nay o mpe na ndako na tata nay o, kokenda na mokili ekomonisa Ngai yo. Nakozalisa yo libota monene, mpe nakopambola yo, Makozalisa nkombo nay o monene mpe okozala lipamboli mpona bato" (Genese 12:1-2).

Na tango wana, Abalayama azalaki na ba mbula ntuku sambo na mitano, azalaki elenge soko moke te. Mingi mingi, ezalaki pete te mpona ye kolongwa mboka na ye mpe kolongwa bandeko na ye mpo ete ye azalaki na muana mobali moko te mpo ete akitana na ye.

Nzambe Aponaki esika moko te mpona ye kokende. Soki makanisi na bato esalelamaki, ezalaki pasi mingi mpona kotosa. Asengelaki kotika biloko nioso oyo ye azwaki kuna na sima, mpe akenda na esika lokola mopaya mpenza.

Ezali pete te mpo ete totika nioso tozali na yango mpe tokened na esika na sika mpenza, ata soki ezali na garanti na solo mpona lobi ekoyaliboso. Mpe bato boni solo bakoki kotika nioso bazali na yango sasaipi, na tango lobi na bango ekoya ezali mpenza koyebana te? Kasi Abalayama atosaki kaka.

Ezalaki na esika mosusu wapi botosi na Abalayama engengisaki pole na yango makasi kolekampona koyamba botosi na Abalayama na malamu koleka, Nzambe Andimelaki ye momekano mpona kopesa na ye mapamboli.

Mingi mingi, Nzambe Apesaki ye motindo mpo ete abonza muana na ye se moko na mobali Yisaka. Yisaka azalaki muana na motuya mpenza epai na Abalayama. Azalaki kutu na motuya koleka ye moko, kasi atosaki na kobanzabanza te.

Sima na Nzambe kolobela ye, amonaki kati na Genese 22:3 ete na mokolo molandi, alamukaki na ntongontongo mpe abongisaki makambu mpona kopesama mbeka epai na Nzambe, mpe akendaki esika Nzambe Alobelaki ye.

Na tango oyo, ekomaki etape eleki likolo na botosi koleka oyo na kotika mboka na ye mpe ndako na tata na ye. Na tango wana, atosaki kaka na kozanga kososola mpenza mokano na Nzambe. Kasi na tango Nzambe Alobelaki ye ete apesa muana na ye mbeka na kotumba, asosolaki motema na Nzambe mpe atosaki mokano na Ye. Kati na Baebele 11:17-19 ekomami lolenge kani andimaki ete ata soki asengelaki kopesa muana na ye mobali mbeka na kotumba, Nzambe akokaki kosekwisa ye, mpo ete azalaki nkona na elaka na Nzambe.

Nzambe Asepelaki na kondima oyo na Abalayama mpe Ye moko Abongisaki mbeka. Sima na Abalayama kolonga na momekano oyo, Nzambe Abengaki ye moninga na Ye mpe Apesaki ye mapamboli minene.

Ata lelo, mai ezali pasi kati na Yisalele. Ezalaki kutu pasi na koleka na tango na Mokili na Kanana. Kasi esika nioso Abalayama akendaki, ezalaki na bofuluki na mai. Mpe ata Lota muana na ndeko na ye, oyo azalaki kobika elongo na ye, azwaki mpe lipamboli monene boye.

Abalayama azalaki na bitonga minene na bangombe, mpe palata na koleka, mpe wolo ; azalaki moto na bozwi ebele. Na tango Lota muana na ndeko na ye akangemaki mokangemi, Abalayama akamataki bato babali 318 ba oyo bakolaka kati na ndako na ye, mpe asikolaki Lota. Kaka na komona likambo oyo, tokoki komona boni mozwi ye azalaki.

Abalayama atosaki Liloba na Nzambe. Mokili elongo na ba mboka nioso pembeni bazwaki mapambolamaki, mpe ba oyo bazalaki elongo na ye mpe bazwaki mapamboli.

Na nzela na Abalayama, muana na ye mobali Yisaka azwaki mpe mapamboli, nde bakitani na ye bazalaki mingi mpenza mpona kokoma ekolo. Lisusu, Nzambe Alobelaki na ye ete Akopambola ye nani akopambola ye, mpe ye nani akolakela ye mabe Akolakela ye mabe. Apesamaki mpenza botosi ete bakonzi na bikolo na bazalani bazalaki kopesa ye lokumu.

Abalayama azwaki mapamboli na lolenge nioso oyo moto akokaki kozwa kati na mokili oyo, ata misolo, koyebana, bokonzi, nzoto makasi, mpe bana. Kaka lolenge ekomami kati na chapitre 28 na Dutelonome, azwaki mapamboli na tango na kokota na ye mpe na tango na kobima na ye.

Akomaki moto na mapamboli mpe tata na kondima. Lisusu, akokaki na mozindo kososola motema na Nzambe mpe Nzambe Akokaki kokabola motema na ye elongo lokola moninga na Ye. Nkembo na Lolenge nini mapamboli oyo ezali!

Mpo ete Nzambe Azali bolingo, Alingi moto nioso akoma lokola Abalayama mpe akoma na esika epambwama mpe na nkembo. Yango tina Nzambe Atikaka makomi na mozindo mpona Abalayama. Naninani akolanda ndakisa na ye mpe akotosa Liloba na Nzambe akoki kozwa mapamboli na lolenge moko na tango ye azali kokota mpe na tango ye azali kobima lolenge na Abalayama.

## Bolingo mpe Bosembo na Nzambe oyo Alingi Kopambola Biso

Kino sasaipi oyo totali kati na ba Bolozi Zomi ebetamaki na Ejipito mpe Pasika oyo ezalaki nzela na lobiko mpona Bayisalele. Na nzela na oyo tokoki kososola mpo nini tokutanaka na makama, lolenge nini tokoki kokima yango, mpe lolenge nini tokoki kobikisama.

Soki tozali konyokwama na makambo mpe na ba bokono, tosengeli na kososola ete yango ebandisama mpenza na mabe na biso. Bongo, tosengeli nokinoki komitala biso mpenza, kotubela, mpe kolongola mabe na lolenge nioso. Lisusu, na nzela na Abalayama, tokoki kososola bikamwiseli mpe mapamboli makoki kososolama te nini Nzambe Apesaka na ba oyo bazali kotosa Ye.

Ezali na tina mpona makama nioso. Kolandana na lolenge nini tozali kososola yango kati na motema, tologwe na masumu mpe na mabe, mpe tombongwani biso moko, lifuti ekozala na kokesana mingi. Basusu bakofuta kaka oyo esengeli mpona ba mbeba na bango, na tango basusu bakomona molili to mabe kati na motema na bango na nzela na minyoko mpe bakomisa yango libaku malamu mpona bango moko.

Kati na Dutelenome chapitre 28, tokoki komona kopimama

na mapamboli mpe bilakeli mabe eye ekoya epai na biso kati na likambo na botosi mpe nakozanga kotosa Liloba na Nzambe.

Nzambe Alingi biso mpo ete Apesa biso mapamboli, kasi lolenge Alobi kati na Dutelonome 11:26 ete, "Tala Natii na liboso na bino lelo lipamboli mpe elakeli mabe," kopona etali obele se biso. Soki tokolona madesu, madesu ekobima. Na lolenge moko, tonyokwamaka makama eye Satana akomemelaka biso lokola lifuti na masumu na biso. Na likambo oyo, Nzambe Asengeli kondima makama ikomela biso kolandana na bosembo na Ye.

Baboti balukaka bana na bango bazala malamu, mpe bango balobaka ete, "Tangani makasi," "Bika bomoi na bossembo," Tosaka nioso na mibeko na nzela," mpe bongo na bongo. Na motema na lolenge oyo, Nzambe Apesaki na biso mibeko na Ye mpe Alingi biso totosa yango. Baboti bakotikala kolinga bana na bango baboya kotosa bango te mpe bbakweya na nzela na libaku mabe mpe na kobebisama. Na lolenge oyo, ekozalaka mokano na Nzambe soko te ete tonyokwama.

Na boye, Nabondeli na nkombo na Nkolo Yesu Christu ete bino nioso bokososola ete mokano an Nzambe mpona bana ba Ye ezali makama te kasi lipamboli mpe na nzela na bomoi na kotosa, bokozwa mapamboli na tango bozali kokota mpe na tango bozali kobima, mpe makambo nioso makotambola malamu mpona bino.

Mokomi:
# Dr. Jaerock Lee

Dr. Jaerock Lee abotamaki na Muan, Province na Jeonnam, Republique na Coree, na 1943. N aba mbula zomi na mibale na ye, Dr.Lee abelaki na ba bokono kilikili ezanga lobiko ba mbula sambo mpe azalaka kaka kozela liwa na elikya moko ten a kozongela nzoto malamu. Kasi mokolo moko na tango na moi moke na 1974 amemamaka na egelesia epai na ndeko na ye na mwasi mpe na tango afukamaka mpona kobondela, Nzambe na bomoi Abikisaki ye na mbala moko na ba bokono na ye nioso.

Kobanda tango akutanaka na Nzambe na bomoi na nzela na likambo wana malamu, Dr. Lee alinga Nzambe na motema na ye mobimba mpe solo mpenza, mpe na 1978 abiangamaka kozala mosali na Nzambe. Abondelaka makasi na ebele na kokila bilei mpo ete akoka kososola malamu mpenza mokano na Nzambe, akokisa yango na mobimba mpe atosa liloba na Nzambe. Na 1982, abandisaki Egelesia Manmin Centrale na Seoul, Coree, mpe ebele na misala na Nzambe, ata lobiko na bikamwa, bilembo na bikawiseli, ezala kosalema na egelesia na ye wuta tango wana.

Na 1986, Dr. Abonzamaka lokola Pasteur na mayangani na mbula na Yesu Egelesia Sungkyul na Coree, mpe ba mbula minei na sima na 1990, mateya ma ye mabanda kotalisama na Australie, Rusie, mpe ba Philippines. Kaka sima na tango moke ba mboka mingi koleka mabandaki na nzela na Companie de Radiodiffusion na Asia, Station na Radiodiffusion na Asia, mpe Système na Radio Chretienne na Washington.

Sima na mbula misato, na 1993, Egelesia Centrale Manmin eponamaki lokola moko kati na ba "Egelesia 50 maleki likolo na Mokili" na Magazine na Bakristu na Mokili Mobimba (US) mpe azwaki Doctora Honorius Causa na Bonzambe na College na Bakristu mpona Kondima, na Floride, America, mpe na 1996 azwaki Ph. D. na Mosala na Nzambe na Seminaire Theologique Kingsway, na Iowa, America.

Wuta 1993, Dr. Lee abanda kopanzana na mokili mobimba na nzela na ebele na ba croisade ebele na mokili ata na Tanzanie, Argentine, L.A., Baltimore cite, Hawai, mpe New York na America, Uganda, Japon, Pakistan, Kenya, ba Philippine, Honduras, Inde, Rusie, Allemagne, Peru Republique Democratique na Congo, Yisalele mpe Estonie.

Na 2002 andimamaki lokola Molamusi na Mokili Mobimba" mpona mosala na ye na nguya makasi kati na ebele na ba croisade na ebele na ba Magazine na Bakristu mpe na b nkasa na Coree, Na particulier ezalaki Croisade na ye na New York na 2006' oyo isalemaki na Madison Square Garden, esika ekenda sango koleka na mokili. Milulu etalisamaki na ba mboka 220, mpe Croisade na ye unie na Yisalele na 2009', esalemaki na Centre de Convention International (ICC) na Yelusaleme atatolaki na nguya ete Yesu Christu azali Mesia mpe Mobikisi.

Mateya ma ye matalisamaka na ba mbka 176 na nzela na Satelite ata GCN TV mpe atangamaki lokola moko na basali na Nzambe 10 baleki na sango na mokili mobimba na 2009 mpe 2010 na Magazine eleki na kokende Sango In Victory mpe news agency Telegraph na Bakristu mpona mosala na ye na nguya makasi na bitando mpe mosala na ye na mobateli mpate kati na Mangomba.

Kobanda Mai na 2013, Egelesia Centrale Manmin ezali na lingomba na bato likolo na 120,000. Ezali na ba branche 10,000 na ba egelesia na mokili mobimba ata 56 na mboka Coree, mpe na ba Misionaire 129 batindama na ba mboka 23, ata America, Rusie, Allemagne, Canada, Japon, Chine, France, Inde, Kenya, mpe mingi koleka kino lelo.

Na mokolo na kobimisa buku oyo, Dr. Lee akoma ba buku 85, at aba chef d'ouevre Gouter la vie eternal avant la mort, Ma vie ma foi, Lola I & II, Lifelo, Lamuka Yisalele, mpe Nguya na Nzambe. Misala ma ye mibongolisama na ba nkoto koleka 75.

Makomi ma ye na Bakristu ebimisamaka na. Hankok Ilbo, the JoongAng daily, chosun Ilbo, Dong-A Ilbo, Munhwa Ilbo, Seoul Shinmun, Kyunghyang Shinmun, Hebdomadaire Economique Coreene, Herald na Coree, Ba Sango Shisa, Presse Chretienne.

Sasaipi Dr. Lee azali mokambi na ebele na ba organization na ba missionaire mpe association. Position na ye esangisi ata: President na : Lisanga na ba Egesia na Yesu Christu mpona Kobulisama ; President : Mission Manmin na Mokili Mobimba ; President Permanent na, Associatin Mondiale mpona Bolamuki na Bakristu, Monbandisi mpe Mokambi na Board, Reseau Mondiale na Bakristu (GCN) ; Mobandisi mpe mokambi na Board, Reseaux Mondiale des Medecins Bakristu ; mpe Mobandisi mpe President na Conseil D'Administration, Seminaire International Manmin (MIS).

## Other powerful books by the same author

### Heaven I & II

A detailed sketch of the gorgeous living environment the heavenly citizens enjoy and beautiful description of different levels of heavenly kingdoms.

### The Message of the Cross

A powerful awakening message for all the people who are spiritually asleep In this book you will find the reason Jesus is the only Savior and the true love of God.

### Hell

An earnest message to all mankind from God, who wishes not even one soul to fall into the depths of hell! You will discover the never-before-revealed account of the cruel reality of the Lower Grave and hell.

### Tasting Eternal Life Before Death

A testimonial memoirs of Dr. Jaerock Lee, who was born gain and saved from the valley of death and has been leading an exemplary Christian life.

### The Measure of Faith

What kind of a dwelling place, crown and reward are prepared for you in heaven? This book provides with wisdom and guidance for you to measure your faith and cultivate the best and most mature faith.

www.urimbooks.com

www.ingramcontent.com/pod-product-compliance
Lightning Source LLC
LaVergne TN
LVHW021823060526
838201LV00058B/3487